빛깔있는 책들 101-27

탈

글/심우성 • 사진/박옥수

대원사

심우성(沈雨晟) ─────

1934년 충청남도 공주에서 출생
한 민속학자이자 1인극 배우이다.
현재 공주 민속극박물관장으로
있으며 극단 서낭당의 대표이기
도 하다. 저서로『무형문화재 총
람』『한국의 민속극』『한국의 민
속놀이』『마당굿 연희본』『남사
당패 연구』『민속문화와 민중의
식』이 있다. 그리고 1인극 작품으
로는『쌍두아』『문』『남도 들노
래』『넋이야 넋이로구나』『판문
점 별신굿』『새야 새야(합동작
품)』가 있다.

박옥수(朴玉修) ─────

1949년생으로 한양대 신문방송학
과를 졸업하였고 현재 대한민국
사진전람회 초대작가이다. 1987년
에 제6회 대한민국 사진전람회
초대작가상을 수상하였고, 1991년
에는『탈』을 주제로 한 사진전을
서울과 광주에서 연 바 있다. 현
재 토탈 스튜디오의 대표로 있
다.(전화 778-3611)

탈

머리말

'탈'에 관한 안목을 넓혀 주신 모든 어른께 이 책을 드립니다.

처음으로 '탈'과 만난 것은 네댓 살 때 풍물패의 뒤를 따르면서 본 양반광
대탈들이 아닌가 싶다.

내 고향은 충청남도 공주군 의당면 율정리라는 산골인데 6·25 전만 해도
비행기는 보았어도 기차는 못 본 사람이 많은 그런 벽촌이었다. 그러나 고려
시대와 조선시대의 그릇 파편들이 여기저기서 나오는 유서 깊은 터전이었고
60여 호가 오손도손 보금자리를 이루고 마을의 지킴이인 '당나무'와 '풍물
패'며 '서당'에 이르기까지 고루 갖춘 곳이었다. 근동에 50~60호가 넘는
마을로는 '율정'을 비롯하여 '수촌' '월곡'이 있었는데 각기 풍물패의 기량을
뽐내고 있었다.

사람들은 '수촌'의 풍물패가 으뜸이라 했으며 다만 '율정'은 양반광대놀이
가 일품이라 했다. 여기에는 그럴 만한 까닭이 있었는데 우리 마을에는 남사
당패 출신의 정광진이란 노인이 계셔서 다양한 탈을 만들어 감히 흉내내지
못할 어릿광대놀이를 꾸며 냈기 때문이다.

집집에서 쓰다가 버린 바구니, 소쿠리, 키, 삼태기, 멍석 같은 것을 주워다
가 이목구비를 적당히 붙이고 보면 참으로 그럴싸한 탈로 변한다. 이것을
익살 잘 떠는 몇 사람의 젊은이에게 씌워 주로 양반을 조롱하는 탈놀이로
꾸몄기 때문에, 수촌이 아무리 풍물로 유명하다 해도 구경거리로는 율정을
따르지 못했다. 1953년에 정광진 옹이 세상을 떠난 뒤로 율정의 풍물은

시들해지고 뒤이어 아주 사라져 버린 것만 보아도 양반광대놀이의 위력을 가히 짐작할 만하다.

그 다음 탈과의 인연은 1958년 남사당패의 마지막 꼭두쇠(우두머리)라 할 남형우(예명 운용) 옹과의 만남이라 하겠다. 당시 남사당 출신의 남형우, 양도일 두 분을 집에 모셔다 함께 기거하면서 남사당놀이 가운데 하나인 '꼭두각시놀음'의 인형을 깎고 있었는데 마침 울안에 굴러다니던 바가지를 하나 주워다가 남옹이 손쉽게 탈을 만들어 벽에 걸어 놓는 것이 아닌가! 하긴 꼭두각시놀음 인형이 다 마련되면 탈놀이인 '덧뵈기'에 쓰이는 탈들도 만들려는 참이었는데 이 탈로 해서 한동안 인형 깎는 작업에 혼선이 왔었다. 어언 35년 전의 일인데 꼭 어제 일만 같다.

창호지를 굵게 꼬아 눈썹, 눈자위, 입술, 주름을 바가지 위에 모양을 내어 붙이고 코는 소나무 껍질을 깎아 고정시킨 다음 그 위에 촉촉이 젖은 종이를 찰싹 붙여 말리면 흡사 떠오르는 달처럼 환한 얼굴로 변한다.

1963년에서 1966년 사이에는 '양주 별산대놀이'의 김성태 옹과 김성대 옹, '고성 오광대'의 김창후 옹, '통영 오광대'의 장재봉 옹과 오정두 옹의 탈들에 매료되었고 이어서 '수영 들놀음'의 조두영 옹, 동래 들놀음의 신생근 옹과 천재동 옹의 탈방을 드나들며 눈동냥 겸 공부를 했다.

그 시기에 '봉산 탈춤'을 전승한 김진옥 옹의 종이탈 만드는 법도 이제는 고전적인 수법이 되고 말았으니 아쉽기만 하다. 하나하나 탈 모양을 흙으로 빚어 그 위에 종이를 발라 굳힌 다음 뒤에서 흙을 파내면 이목구비와 주름살이 구름처럼 꿈틀거렸는데 지금은 종이를 발라 쑥쑥 빼내기 편하게 턱이 없는 '고정뽄'을 만들어 놓고 대량생산을 하니 이른바 '찍어 빼기식'이 되었기 때문이다.

그러나 지난 40년 동안 각 고장의 큰 선생님들이 나로 하여금 탈에 대한 안목을 높이게 해주셨으니 그 모든 분들께 감사할 따름이다.

전문적으로 탈을 만드는 분은 아니었지만 '동해안 별신굿'에서 '범굿'에 쓰이는 탈을 만들었던 김영달 옹, 진도의 큰무당 박선내 할머니가 종이를 접고 오려 시범을 보였던 '허재비탈'과 '넋전'들이 또 다른 종이탈의 세계를 가르쳐 주었다.

한편 내 집에는 지난 30년 동안 비좁은 '탈방'이 있어 왔다. 아버님께서 매일처럼 그곳에서 나무탈을 깎고 계셨으니 집안에 역시 큰스승을 모시고 있었던 셈이다. 1980년대 이래 국내외에서 아버님의 '나무탈전(展)'을 가지면서 그 가슴 뿌듯함은 이루 다 말로 표현할 수가 없을 정도였다.

이 책에 소개하는 '탈'의 대부분은 '우리문화연구소'의 소장품으로 지난 40년 동안에 하나하나 거저 얻다시피 모은 것들이다.

이제 한 권의 책으로 엮고 보니 부족한 점이 한두 군데가 아니다. 하지만 평소에 '탈'에 관한 문의가 잇따르고 또 사진 자료나마 아쉬워하는, 특히 국민학교와 중·고등학교 선생님들의 요청이 있어 앞으로 보완할 것을 전제로 일단 펴내기로 마음을 먹었다.

이 책은 그 동안 '탈'에 대한 안목을 넓혀 주신 모든 어른께 드리는 바이다. 그런데 막상 주변을 둘러보니 이제 큰어르신네들도 몇 분 생존해 계시지 않아 그저 안타깝기만 하다.

　지치지 않고 나의 수집·정리 작업에 함께 해준 사진작가 박옥수 님 그리고 대원사의 편집진에 고마운 뜻을 보낸다.

1994. 6. 28.
심우성

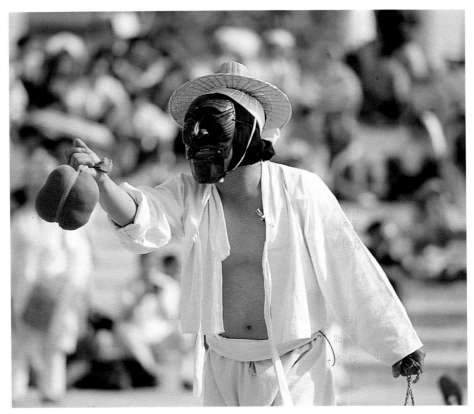

하회 별신굿 탈놀이의 한 장면 탈이란 본디 제 얼굴과는 다른 형상의 '얼굴 가리개'라고도 할 수 있지만 그저 제 얼굴을 가리는 데 그치는 것은 아니다. 탈을 씀으로써 본디의 얼굴과는 다른 인물이나 동물 또는 초자연적인 신에 이르기까지 나름대로의 인격 내지는 신격을 이루어 내는 것이다.

탈이란 무엇인가

  '탈'을 『우리말 큰사전』(한글학회, 어문각, 1992)에서 찾아보면 ① 변고나 사고, 병, 트집이나 핑계, 잘못의 원인 또는 장애나 흠, ② 얼굴을 감추거나 달리 꾸미려고 종이, 나무, 흙 따위로 만들어 얼굴에 쓰는 물건이나 가면 또는 속과는 관계없이 겉으로 드러나는 태도나 모습이라고 풀이되어 있다.

  여기에서 다루고자 하는 탈은 물론 두 번째 뜻에 해당하는 것이나 우리가 보편적으로 느끼고 있는 탈의 뜻은 첫번째에도 포함되어 있음을 발견하게 된다.

  보편적으로 탈이란 말은 일단 섬뜩한 분위기로 받아들여진다. 음식을 잘못 먹어 배가 아플 때도 '배탈'이 났다고 하고 다친 곳이 덧나도 '탈났다'고 하며 무슨 일이건 잘못되어도 '탈났다'고 한다.

  실상 우리 민족은 탈이란 것을 주변에 가까이 두기를 꺼려 했었다. 장례식에서 쓴 방상씨(方相氏)는 물론이고 한 마을의 지킴이로 모셨던 탈들도 마을에서 좀 떨어진 당집 안에 둘 뿐 절대로 방 안에 걸어 놓는다든가 하는 일은 없었다. 탈놀이가 끝나게 되면 어느 고장에서나 탈을 불에 태워 없앴는데 이것이 놀이의 마무리인 양 꼭 지켜져 왔다. 또한 탈에는 갖가지 액살이 잘 붙는 것이니 태워 버려야 한다는 것이 오랜 속신(俗信)이었다. 그런데 이런 현상은 비단 우리에게만 있는 것이 아니라 역사가 오래된 민족들에게서 공통으로 발견되는 현상이기도 하다.

  「한국 연극, 무용, 영화 사전」(『한국예술사전Ⅳ』, 편찬위원회, 대한민국예술원, 1985)의 '가면(假面)' 항목이 탈에 대한 국내외의 해석을 적절하게 요약한 것으로 생각되어 다음에 인용한다.

　가면은 얼굴을 가려 변장이나 방호(防護), 호신(護身) 등의 특정한 목적과 용도로 쓰이며 또한 동물, 초자연적인 존재(神)를 표현하는 가장성(假裝性)을 갖는다. 넓은 의미로 생명을 보호하기 위한 방한·방독·방호적인 측면까지 포함시키고는 있으나 대개의 경우는 토속적·연극적 가면을 뜻하며 상징(象徵, symbol)과 표정(表情, expression) 두 가지 요소로 환원되는 조형 예술품이다.

　가면은 한자로는 면(面), 면구(面具), 가수(假首), 가두(假頭), 가면(假面), 대면(代面, 大面) 등으로 표기한다. 우리말로는 탈, 탈박, 탈바가지, 광대, 초라니라 불러 왔으나 현재는 일반적으로 탈이라 통칭되고 있는데, 얼굴 전면(前面)을 가리는 면구(面具) 가면과 머리 전체 후두부(後頭部)까지 가리는 가두(假頭), 투두(套頭), 가수(假首)로 구별하기도 한다.

　가면을 사용한 것은 원시시대부터인 것으로 추정되는데 처음에는 수렵생활을 하던 원시인들이 수렵 대상물인 동물에게 접근하기 위한 위장면(僞裝面)으로, 뒤에는 살상한 동물의 영혼을 위로하며 또한 그 주술력(呪術力)을 몸에 지니기 위한 주술적 목적에서 비롯하여 점차 종교적 의식과 민족 신앙의 의식용으로 변모, 발전되었다.

　중국의 가면사에서 가면의 효시는 나례(儺禮)에 쓰인 방상씨 가면이며 나례 계통과 다른 가면은 육조(六朝)시대 이래의 가무(歌舞)에 쓰인 구자(龜玆), 천축(天竺), 강국(康國), 안국(安國) 등 서역 악무(西域樂舞)의 영향을 받은 외래의 것이었다.

　고구려의 무악면(舞樂面), 백제의 기악면(伎樂面), 신라의 월전(月顚)·속독(束毒)·산예면(狻猊面) 등도 서역의 영향을 받은 가면들이며 중국의 방상씨면과 서역계의 외래면도 함께 전해 받은 것으로 짐작된다. 우리나라에서 지금까지 발굴된 가면 중 최초의 것으로 알려진 것은 6세기경 신라시대의 방상씨 가면으로 추측되는 목심칠면(木心漆面)으로 1946년 경주 노서리 호우총(壺杅塚) 고분에서 출토되었다. 그 외에 덕물산(德物山) 가면, 국보 제121호로 지정된 하회(河回) 가면, 병산(屛山) 가면 등

옛 가면이 현존하고 있다.

한국의 가면은 크게 신앙 가면(信仰假面)과 예능 가면(藝能假面)으로 나눌 수 있다. 신앙 가면은 일정한 장소에 안치해 두고 고사만 지내는 신성 가면(神聖假面)과 악귀를 쫓기 위해 사용하는 구나 가면(驅儺假面)으로 구분된다. 신성 가면에는 소미씨 가면, 광대씨 가면, 놋도리 가면, 창귀씨 가면, 장군 가면이 있고 구나 가면에는 방상씨 가면과 사자 가면이 있다. 예능 가면에는 여러 종류가 있겠으나 주로 무용이나 연극에 사용되는 가면으로 무용에는 처용무 가면, 연극에는 산대 가면, 해서 가면, 서낭신제 가면, 야유·오광대 가면이 있다. 이 밖에도 가면은 그 목적과 기능에 따라 다음과 같이 나눌 수 있다.

벽사 가면(辟邪假面, demon mask)

의술 가면(醫術假面, medicine mask)

영혼 가면(靈魂假面, spiritual mask)

추억 가면(追憶假面, memorial mask)

토템 가면(totem mask)

기우 가면(祈雨假面, rain making mask)

수렵 가면(狩獵假面, hunting mask)

전쟁 가면(戰爭假面, war mask)

입사 가면(入社假面, initiation mask)

연극 가면(演劇假面, drama mask)

무용 가면(舞踊假面, dance mask)

위와 같은 분류는 꽤 타당성이 있다. 가면이란 한자로 '거짓 가(假)' '낯면(面)'이니 가짜 얼굴이란 뜻인데 그 글자 풀이만으로는 속뜻을 가늠하기 어렵다. 탈이란 또한 제 본디 얼굴과는 다른 형상의 '얼굴 가리개'라고도 할 수 있지만 그저 제 얼굴을 가리는 데 그치는 것은 아니다. 탈을 씀으로써 본디의 얼굴과는 다른 인물이나 동물 또는 초자연적인 신(神)에 이르기까지 나름대로의 인격(人格) 내지는 신격(神格)을 이루어 내는 것이고 보면 위의 분류 방법은 설득력을 지닌다 하겠다.

하회 별신굿 탈놀이의 한 장면

이제 탈이란 무엇인가를 밝히고자 한 장-루이 베두앵의 『탈의 민속학』 (Bédouin, Jean-Louis, *LES MASQUES*, Paris. 1961, 이강렬 옮김, 경서원, 1986) 제1부 다섯째 항목 「탈의 비밀」에서 다시 그 뜻에 접근해 보고자 한다.

"탈이란 거짓의 얼굴이다."라는 정의를 만약 옳다고 한다면 많은 경우 탈은 지독히 거짓된(인위적인) 얼굴이라는 것을 인정할 수밖에 없다. 그러나 알려져 있는 모든 형(型)의 탈 가운데 특정인의 얼굴과 비슷한 탈은 실제로 하나도 없다. 물론 얼굴의 눈, 코의 솟음과 길이를 표준으로 한 탈도 많기는 하지만 인간의 탈은 골격이 사실적이고 그 작업 방식이 아무리 정성을 들인 것이라고 해도 특정인의 면상은 전혀 보이지 않는다. 이것은 탈에 몸의 움직임과 혈기가 통하고 있지 않다는 것만으로는 도저히 설명될 수 없는 사항이다. 탈은 하나의 풍모나 초상은 아니다.

흉내내는 사람이 유명한 인물의 음성, 동작, 표정을 흉내낼 때는 보통 '탈을 쓴다'라는 표현은 하지 않는다. 또 배우가 '메이크업'으로 자신이

행하는 작중 인물의 '얼굴을 나타낼' 때에도 우리들은 그렇게 표현하지 않는다. 전자의 경우 배우는 외면상으로만 타인의 모습으로 보여질 뿐이다. 그러나 후자, 그러니까 탈은 사람이 '다른 사람'으로 되려고 함으로써 정말 '다른 사람'이 되어 버리는 것이다.…이 모순을 극복하는 것이야말로 탈이 지니는 탈다운 성격이다.…

지극히 현학적이고 우회적인 방법으로 표현되고 있는 앞의 설명은 약간 막연하기는 하지만 탈이 지니는 '복합적이면서도 독창적인 성격'을 파헤치는 데 도움이 될 것이다. 그러나 탈이란 무엇인가를 밝히고자 하는 이 항목에서 간단하면서도 명료하게 정의를 내리기에는 탈 자체의 실체와 기능이 너무 다양하면서도 복합적인 것임을 거듭 알게 된다. 그러므로 조금 성급한 의견일지 모르나 다음과 같이 제시하고자 한다.

탈이란 아득한 인류의 역사와 함께 생산·신앙성을 띠면서 벽사, 의술, 영혼, 추억, 토템, 기우, 수렵, 전쟁, 입사, 연회 등에 쓰여지기 위해 창출된 역사적 조형물이다.
그것은 풍토, 역사, 생활 양식에 따라 독창적인 '탈문화권'을 형성하는 것이니 그 분류, 분포는 심지어 '마을의 역사' 단위로 세분되는 것이다. 또한 그것은 역사적 소산이기 때문에 지난 시대의 형태를 반복 표현하는 것이 아니라 역사 발전과 함께 가변(可變)하면서 부단히 재창출(再創出)되는 것이다.…

현대인이 탈을 생각할 때는 이제 다분히 장식적 조형물로서의 가치를 먼저 떠올리게 된 것이 사실이다. 민간 연극으로 어렵게 보존되고 있는 몇 군데의 탈놀이들도 과거 지향적 문화 유산으로 박제화되어 가고 있는 것이 솔직한 실정이다. 또한 '탈의 생명'은 풍토, 역사, 생활 양식을 바탕으로 한 공동체적 의지가 수용되면서 표출될 때 얻어지는 것이라고 생각한다. 말하자면 탈도 생명력이 없어진 탈과 아직까지 생명력을 지니는 탈로 분별되는 것임을 사족(蛇足)으로 덧붙인다.

우리 탈의 역사

앞에서 탈이란 인류사와 함께하는 것이라는 막연한 의견을 말한 적이 있다. 그리고 그것은 생산적·신앙적 효용에 의해서 만들어지기 시작했다는 학자들의 보편적인 의견도 소개한 바 있다. 그런데 생산적 또는 신앙적 계기라 하지만 이 양자 가운데 어느 것이 먼저인가에 대해서는 의견이 다르다.

이는 모든 예술의 시작을 원시인의 제천 의식(祭天儀式)에서 찾으려는 입장과 생산 과정에서 보는 입장의 차이에서 비롯된다. 원초적 음악의 형태라 할 물건의 두드림을 악신의 물리침(驅儺)이나 신을 달래어 즐겁게 하기 위한 오신(娛神)의 방편에서 찾는 의견이 그 하나이며 이와는 달리 짐승을 잡을 때 겁을 주거나 사냥꾼들의 기개를 드높이기 위한 고동(鼓動)으로 해석하는 입장이 또 다른 하나이다.

이것을 탈로 바꿔서 비유해 보자.

원초적인 탈의 조형물은 악신을 물리치고 신을 달래어 즐겁게 하기 위한 방편에서 제 얼굴이 아닌 상징적 신격(神格)의 '또 다른 얼굴'을 만든 것으로부터 비롯되었다는 의견과 원시인이 사냥을 할 때 짐승을 겁주거나 자신들을 보호하기 위해서 만들었다는 것이 또 다른 의견이다. 그러나 이 두 의견은 사실상 닭이 먼저냐 달걀이 먼저냐 하는 의문과도 같은 것이 아닐까 한다.

제정일치(祭政一致)의 원시 공동체 사회에서 신앙과 생산과의 관계는 일부 현대인이 생각하는 대립 관계가 아니라 상호 보완의 연계성을 띠었을 것으로 여겨진다. 모름지기 생산성 또는 신앙성의 그 어느 한쪽이 아니라

옛 탈놀이 모습(일본 改造社版 地理講座 日本편 6권, 1934년 12월, 『농민예술과 그 가면극』, 245쪽)

양자의 통일에서 접근하는 것이 바른 인식 태도일 것이다.

우리 민족이 창출했을 탈의 시원도 물론 앞에서 제시한 몇몇 전제에서 찾게 되는데 현재로서는 기원전 5천 년에서 3백 년경으로 잡는 선사시대의 유물들에서 그것의 편린들을 발견하게 된다. 곧 신석기시대와 청동기시대에 소형 인물상이나 동물상들이 돌, 뼈, 흙 등으로 만들어지고 있었다. 인물우 (人物偶)는 가족, 씨족이나 마을을 수호하는 샤먼적인 신상들인데 이러한 조형물들에서도 탈의 존재를 유추할 수 있는 부조들이 있다. 암벽화, 벽화 등에서도 탈이 존재했음을 암시하고 있으나 '바로 이것'이라고 내세울 만한 것은 없다.

문헌 자료로서는 제3세기 한반도의 여러 부족의 생활상을 설명하고 있는 『삼국지(三國志)』「위지동이전(魏志東夷傳)」과 그 밖의 중국 사서(史書)들에서 보이는 단편적인 기록들이 있다. 이 가운데 여러 부족들이 1년에 한두 차례 국중 대회(國中大會)를 열어 제천 의식과 함께 공동체의 의지를 돈독히

하고 가무백희(歌舞百戲)를 열었음을 짐작케 하는 구절들이 있다. '부여의 영고(迎鼓), 고구려의 동맹(東盟), 예의 무천(舞天), 마한의 5월제와 10월제, 가락의 계욕(禊浴)' 등에서 이미 탈도 함께 쓰여졌을 만한 제의성(祭儀性)이 강한 연희(演戲)가 포함되고 있음을 알 수 있다.

이러한 고대의 제의 및 연희 유산은 오늘날에 전승되고 있는 다양한 민간 예능에서 내용을 복원, 재구성하게 되는 것이니 현존하는 '당굿(洞祭神祀)'이 가장 소중한 대상이다. 아직도 여러 고장에서 전승되고 있는 당굿의 습속과 그에 따르는 가무오신적(歌舞娛神的) 각종 예능들은 앞에서 말한 영고, 동맹, 무천 등에서 발전하였으며 본디는 원초적 근원 연극(根源演劇)의 줄기들로 보는 것이다.

이 밖에도 이 방면에 있어서 소상한 내용을 전하는『삼국유사(三國遺事)』를 보면「가락국기(駕洛國記)」가운데 건국 신화인 수로왕(首露王)의 전설이 춤과 노래의 제전연희(祭典演戲)를 통해서 보이고 있다.

또한 중요한 것은 세시풍속(歲時風俗)과 관혼상제(冠婚喪祭) 때에 병행되었던 예능 곧 '토템 의례' '농경 의례' 특히 '상장례(喪葬禮)' 등은 물론이고 숱한 민간 놀이들에서 이 땅의 연극 기원과 함께 탈의 존재들을 발견하게 되는 것이다. 그러나 이러한 것들은 '탈놀이'라기보다는 악가무(樂歌舞)가 함께하면서 이루어지는 이 땅의 독창적인 연희들을 설명하고 있는 것이라 하겠다.

탈놀이를 다루고 있는 문헌 기록 중 가장 오래된 것은『삼국사기(三國史記)』권32「잡지(雜志)」에 있는 최치원(崔致遠)의 향악잡영(鄕樂雜詠) 5수(五首)이다. 이것은 신라시대의 이른바 '오기(五伎;金丸, 月顚, 大面, 束毒, 狻猊)'를 읊조린 시인데 이병주(李丙疇) 님의 번역을 다음에 적는다.

금환
몸 놀리고 팔 휘둘러 방울 돌리니
달이 돌고 별이 뜬 듯 눈이 어지러워
의료(宜僚) 같은 재주인들보다 나으랴
동해 바다 파도 소리 잠잠하겠네

월전

어깬 솟고 목은 움칠 꼭다린 오뚝
여러 한량 팔 비비며 술잔 다툰다
노랫소리 듣고 나서 웃어 젖히며
초저녁이 지새도록 깃발 붐빈다

대면

누런 금빛 탈을 썼다 바로 그 사람
방울채를 손에 쥐고 귀신을 쫓네
자진모리 느린 가락 한바탕 춤은
너울너울 봉황새가 날아드는 듯

속독

쑥대머리 파란 얼굴 저것 좀 보소
짝 더불고 뜰에 와서 원앙춤 추네
장구소리 두둥둥둥 바람 살랑랑
사뿐사뿐 요리 뛰고 저리 뛰노나

산예

일만리라 유사(流沙)에서 건너왔기로
누런 털은 다 빠지고 먼지는 부얘
몸에 밴 착한 덕에 슬겁게 노니
온갖 짐승 재주 좋다 이와 같으랴

이 오기는 바로 신라시대에 행해진 가무백희를 설명해 주는 내용이어서
관심을 끈다. 특히 대면(代面)은 고대 주술 의식의 한 면을 보여 주는 탈놀
이임에 틀림이 없다. 일찍이 중국에서도 대면이라는 탈놀이가 당(唐)나라
때에 성행했었다. 이것은 주(周)나라(기원전 12~13세기)의 관제(官制)를
기술한 『주례(周禮)』의 "가죽을 뒤집어 쓰고 황금으로 된 4개의 눈을 가지

고 있으며 저고리는 검고 치마는 붉으며 한 손엔 창을 잡고 한 손엔 방패를 들고 많은 노예(군사)를 거느리고 1년에 4번 나(儺)로써 궁실(宮室)의 역귀를 물리친다(『方相氏』掌蒙熊皮, 黃金四目, 玄衣朱裳, 執戈揚盾, 帥百隷而時儺, 以索室驅疫)."는 구절에서 우리의 '대면'과 연관이 있음을 짐작할 수 있다.

한편 대면은 당나라 때의 오기 가운데 하나인 대면회(代面戲)와 일본에 전하는 부가쿠(舞樂)의 좌방무(左方舞)인 란료오오(蘭陵王)와도 비교되는 탈춤으로 귀신을 쫓는 구나무(驅儺舞)의 일종으로 해석하는 의견도 있다. 또한 당대의 대면은 이미 일종의 줄거리를 지닌 가무극(歌舞劇)이었다 하며 배우가 자색 의상(紫色衣裳)에 채찍을 쥐고 탈을 쓰고 있는 것은 신라시대의 대면과 흡사하다. 그리고 "누런 금빛 탈을 썼다……"라는 시구(詩句)에서 당시 황금면(黃金面)이 있었던 것을 알 수가 있으며 김재원(金載元) 님의 1946년 '발굴보고'가 이를 뒷받침하고 있다.

이것은 경주 노서리에서 발굴된 천수백 년 전 고(古)신라시대의 '금속 탈'의 유물로서도 유일한 것이다. 모양은 목심칠면이나 눈알은 유리로 되어 있고 눈 둘레는 황금으로 둘렀다. 그리고 2개의 뿔과 뿔 사이 칠면(漆面)의 상부는 황금으로 점을 박은 철로 만들어져 있어 귀면(鬼面) 형상을 하고 있다. 이것이 바로 대면에서 쓰인 황금면과 같은 계통의 탈이 아닐까 추측이 되는 것이다. 또한 그 모양새가 귀면형을 띠고 있음은 토착적 무속 신앙의 귀신을 닮은 모의적(模擬的)인 것으로 해석하기도 한다.

오기 가운데 나머지 금환, 월전, 속독, 산예에 대해서는 이두현(李杜鉉) 님의 해석(『한국의 탈춤』, 일지사, 1981)을 간추린다.

금환

곡예(曲藝)의 하나로 고구려와 백제의 농주지희(弄珠之戲)와 가야의 보기(寶伎)와 같은 것으로 생각된다. 금환은 중국 산악(散樂)의 칼 삼키기(吞刀), 불 토하기(吐火), 공 여러 개 던지기(弄丸), 칼 쓰기(丸劍), 비수 여러 개 던지기(跳匕丸), 줄타기(走索), 장대타기(尋橦) 등 잡희 가운데 '농환' '환검' '도비환' 등에 해당하는 놀이이며 금칠한 공을 여러 개 던져서 받는 놀이이다.

월전

서역 우전국(지금의 허텐 지방)에서 전해진 탈춤의 일종으로 생각된다. "노랫소리 듣고 나서 웃어 젖히며"라는 최치원의 시구에서와 같이 호인형(胡人型)의 탈을 쓴 배우들이 구경꾼들을 웃게 하는 흉내내기 놀이로 경희극(輕喜劇)과 같은 것으로 생각된다. 이 놀이를, 술을 마시며 취하는 꼴을 춤으로 보여 주는 일본의 우방악(右方樂) 가운데 고도쿠라쿠(胡德樂)에 비긴 것도 이와 유사한 의견이다.

속독

중앙 아시아의 타슈켄트와 사마르칸트 일대에 있었던 소그드 제국에서 전래한 건무(健舞)의 일종이라 생각된다. 일본에 전한 고마가쿠(高麗樂) 가운데 쇼도쿠(走禿)는 이 속독의 전사(轉寫)인 듯하다. 그 내용은 원방인(遠方人)이 왕화(王化)를 사모하여 떼지어 와서 무악을 바치는 뜻을 나타내는 탈춤이라고 한 설명이 있는데, "쑥대머리 파란 얼굴"이라는 최치원의 시구로 보아 그 탈은 귀면형의 색다른 탈이었고 춤은 빠른 템포의 춤이었으리라 추측된다.

산예

오기 가운데 그 유래를 직접 말해 주는 사자춤이다. 사자춤은 인도 특유의 동물 의장무(動物擬裝舞)로서 서역과 동방의 여러 나라에 널리 유행하게 되어 중국과 한국과 일본에 지금도 남아 있는 춤이다. 신라의 사자춤은 '구자악'에서 온 중국의 서량기(西涼伎) 계통의 놀이를 받아들인 것이며 일본의 사자춤 역시 한반도를 통해 받아들여 오랜 역사를 지니게 된다. 현존하는 민속 사자춤으로는 북청(北青) 사자놀음이 있고 봉산(鳳山) 탈춤, 오광대(五廣大), 야유(野遊) 등에 각각 사자춤 과장(科場)이 전한다.

이상 '오기'의 내용을 되도록 자세히 설명하고자 한 것은 앞에서도 말했듯이 탈과 연관된 문헌 기록으로는 오랜 것이고 소중한 것이기 때문이다. 그래

봉산 탈춤의 사자

서 순서로는 어긋남이 있지만 먼저 다루어 보았다. 그러면 여기서 다시 삼국 시대의 고구려, 백제, 신라와 고려, 조선의 순서로 살펴 나가고자 한다.

고구려

우리 민족의 자랑스러운 고대 국가 고구려는 시조 주몽으로부터 28왕 705년의 역사를 끝으로 평양성 함락과 함께 사라지고 말았다. 그러나 그 기개는 오늘의 우리에게 흔들리지 않는 민족적 자긍으로서 그대로 남아 있다.

유적으로서는 통구(通溝)의 광개토대왕비와 몇 군데 남아 있는 고분들을 들 수 있다. 이 고분들에서 우리는 고구려인들의 저력과 기상과 빼어난 미적 (美的) 슬기를 만나게 된다. 지금도 살아 숨쉬는 듯한 벽화에 그려진 형상들 특히 무용총의 벽화에서는 당시의 무악(舞樂)을 그대로 접하는 듯하다. 한편 안악(安岳) 제3호분 동수묘(冬壽墓) 벽화 가운데 후실(後室)의 '무악도'에서

처용무(處容舞)와 상염무(霜髥舞)

『삼국유사』권2 「처용랑(處容郎) 망해사조(望海寺條)」에 처용 설화가 자세히 전해지고 있다.

　…신라 제49대 헌강 임금이 개운포(開雲浦, 지금의 울산)에서 노닐다가 돌아오는 길에 홀연히 구름과 안개가 자욱하여 좌우에 물으니 일관(日官)이 아뢰되 "이것은 동해 용(龍)의 조화이므로 좋은 일을 행하여 풀 것이라."고 하였다.

　이에 용을 위하여 근처에 절을 세우도록 명하니 구름이 개고 안개가 흩어졌으므로 이곳을 개운포라 이름지었다. 동해 용이 기뻐하여 일곱 아들을 데리고 임금 앞에 나타나서 덕을 찬양하고 춤을 추며 음악을 연주하였다. 그 가운데 한 아들은 임금을 따라 서울에 와서 정사를 도왔는데 이름을 처용이라 하였다. 왕은 그에게 미녀로 아내를 삼게 하고 급간(級干)의 벼슬을 주었다. 하루는 역신(疫神)이 그의 아내를 흠모하여 사람으로 변하여 밤에 그 집에 가서 몰래 동침하였다. 처용이 밖으로부터 집에 돌아와 자리에 두 사람이 누워 있음을 보고 노래 부르며 춤을 추고 물러나갔다. 그 노래에 이르기를, "동경 밝은 달에 밤들이 노니다가 들어와 자리를 보니, 가라리(다리) 네히러라. 둘은 내해었고, 둘은 뉘해언고. 본디 내해다마는 뺏겼으니 어찌하리요."라고 하였다.

　이때에 역신이 제 모습을 나타내어 꿇어앉아 말하기를, "내가 공(公)의 아내를 사모하여 지금 과오를 범하였는데 공이 노하지 아니하니 감격하여 아름다이 여기는 바라, 금후로는 맹세코 공의 형용만 그린 것을 보아도 그 문에 들어가지 않겠노라." 하였다. 이로 인하여 신라 사람들은 처용의 형상을 문에 붙여 사귀(邪鬼)를 물리치고 경사를 맞아들였다.…

뿌리 깊은 토착 신앙에서 비롯되었을 것으로 믿어지는 처용 설화는 실제로 신앙성을 띤 주술 전승(呪術傳承)으로 일상 생활 속에 전해지는 가운데 그 형상인 '처용탈'이 신앙적 상징물로 떠받들어지면서 굿에서 가무극으로 발전하여 후세에 전해지고 있다. 『삼국유사』에는 처용 설화 다음에 임금이

처용탈

직접 삼산신(蔘山神)의 탈을 쓰고 '산신굿'을 한 사실도 전하고 있다. 또한 '산신탈굿춤'인 상염무 이야기가 실려 있다.

　　신라 때의 춤으로 일명 산신무(山神舞), 어무상심(御舞祥審)이라 한다. 신라 제49대 헌강왕이 포석정에 거동하였을 때 남산의 신령이 나타나서 왕 앞에서 춤을 추었으나 좌우의 신하들은 전혀 보지를 못하고 왕에게만 보였다. 왕만 볼 수 있었기 때문에 왕이 일어나 스스로 신령의 춤을 추고 그 형상을 보이니 신령의 이름을 상심(祥審)이라 하였다. 그 뒤 나라 사람들이 이 춤을 전하여 '어무상심' 또는 '어무산신(御舞山神)'이라고 하였다. 공인(工人)에게 명하여 춤추는 모습을 새겨 후세 사람에게 보이게 했으므로 상심(象審)이라 했다고도 하고 산신의 털이 서리와 같이 희었으므로 붙여진 이름이라고도 한다. 이는 산신령이 장차 나라가 망할 것을 알고 경계하는 뜻에서 춘 것이라 한다.

　　서리와 같이 흰 수염의 탈이라 하니 언뜻 오늘에 전하고 있는 '본산대'의 '신할아비' 모습이 떠오른다.

고려

　　통일신라와 조선을 이어 준 고려는 북방 민족의 잦은 침탈을 받으면서도 독창적 문화를 성장시키는 데 크게 이바지하였다. 비단 문화면에만 그치지 않고 '민족관'의 형성에도 눈길을 돌리면서 신라 문화를 발전시켜 계승하고 조선조 문화를 준비하는 과도적 역할을 담당하였다.

　　그러나 봉건적 지배 질서의 확립과 국교로서 극대화된 불교의 영향은 왕실·귀족·승려 사회를 지나치게 팽창시켜 마침내 민중의 생활은 도탄에 빠지고 말았다. 이러한 가운데서도 국가의 명절과 불교 행사는 규모가 크고 횟수도 잦았으며 그 가운데서도 '팔관회(八關會)'와 '연등회(燃燈會)'는 대표적인 것이다.

고려의 9가지 명절 가운데 정월 대보름(뒤에는 2월)에 행하던 연등회는 불사(佛事)에 관한 제전이고 중동(仲冬)에 행하던 팔관회는 토속신에 대한 제전이므로 그 대상이 다르기는 하지만 그 의식 절차는 다같이 등불을 환히 밝혀 '채붕(綵棚)'을 설치하고 가무백희로 큰 잔치를 베풀어 부처님과 천지신명(天地神明)을 즐겁게 하여 왕실과 백성들의 태평을 기원했다.

　　여기서 채붕이란 오색 비단으로 장식한 다락 곧 장식한 무대를 말한다. 『고려사』「예지(禮志)」에 보면 태조 원년(918) 음력 11월에 신라의 유습을 부활시켜 팔관회를 베풀었다고 한다. 여기서는 윤등(輪燈)과 향등(香燈)을 달고 높이 다섯 길(五丈)이 넘는 채붕을 설치하여 가무백희를 열었다고 전한다. 그 가운데 탈놀이 또는 탈춤이 있었음은 물론이다.

산대잡극(山臺雜劇)

　　고려시대의 가무백희를 잘 설명하고 있는 「산대잡극」이라는 시는 고려 말 이색(李穡, 1328~1396)의 작품으로 내용은 다음과 같다.

　　　오색 비단으로 장식한 산대의 모양은 봉래산(蓬萊山) 같고, 바다에서 온 선인(仙人)이 과일을 드린다.
　　　속악을 울리는 북과 징소리는 천지를 진동하고 처용의 소맷자락은 바람에 휘날린다.
　　　백희의 하나로 긴 장대 위에서는 평지에서와 같이 재주를 부리고 폭발하는 불꽃이 번개처럼 번쩍인다.
　　　태평한 그 기상을 그리고자 하여도 글재주가 없음을 스스로 부끄러워하노라.

　　혹시 악가무와 곡예까지 함께하는 '남사당패놀이'의 옛 형태를 설명하고 있는 것이 아닌가 싶을 정도이다.

나희(儺戲)

　　고려조에 있어 가무백희는 가례(嘉禮)인 연등회, 팔관회뿐만 아니라 흉례

(凶禮)인 나례(儺禮)에서도 놀았음을 알 수가 있다. 이색의 시「구나행(驅儺行)」이 그 사실을 입증하고 있다. 제1구에서 제14구까지는 제1부를 이루는 종교적 행사를 읊은 것으로 12신과 '창사(唱師)'와 '아이초라니'들이 귀신을 쫓는 의식 절차를 묘사하였다.

　　…12신은 12지신(支神:子·丑·寅·卯·辰·巳·午·未·申·酉·戌·亥)으로 각기 제 모습의 탈을 쓰고 분장하였다. 예를 들면 자신(子神)이 쥐의 탈을 축신(丑神)이 소의 탈을 쓰듯 각각 탈을 쓰고 쥐나 소로 분장하였다.
　　주문을 외는 창사와 아이초라니도 각각 탈을 썼는데 12살에서 15살 사이의 아이들로 이루어진 아이초라니들은 아이초라니탈을 쓰고 붉은 옷을 입었으며 창사도 탈을 쓰고 가죽옷을 입었다.

　　제15구 이하는 제2부로서 구나 의식을 마치면 여러 악공들이 입장하여 상연하는 가무백희를 차례로 적고 있다. 곧 '오방귀무(五方鬼舞)'와 같은 제사춤(祭舞)을 비롯하여 '곡예' '탈놀이' '답교' '처용무' '백수무(百獸舞)' 등이 있는데 이 가운데 곡예와 답교 외에는 모두 탈놀이로 짐작된다.
　　이 밖에도 『고려사』에는 고려조의 탈놀이로 생각되는 것으로 호한잡희(胡漢雜戲), 가면인잡희(假面人雜戲), 걸호희(乞胡戲), 당인희(唐人戲) 등이 있으며 여기에 나오는 등장 인물(탈)들도 다양했을 것으로 추측된다.

조선

　　조선 왕조는 불교를 배척하고 유교를 숭상하였지만 고려조에서와 같은 규모는 아니더라도 연등회와 팔관회 등의 의식이 완전히 없어지지는 않았다. 다만 서서히 종교적 의미가 약화되면서 산대잡극과 나례 쪽으로 흡수되는 과정을 겪고 있음을 발견하게 된다.
　　조선 왕조에 들어와 나례도감(儺禮都監) 또는 산대도감(山臺都監)이 관장하던 산대희는 '나례' '나희' '산대나희' '산대잡희' 등 여러 가지 명칭이 혼용

되었는데 역시 중국 사신의 영접 때나 나라의 대소 연락환오(宴樂歡娛)에 두루 불렀다. 그 내용면에서도 기본적으로는 고려의 산대잡극이나 나희와 크게 차이가 없는 듯하다.

산대나희(山臺儺戲)

『문종실록』에 보면 즉위년(1450) 6월, 사신을 맞아들임에 있어 나례를 설치할 것인가에 대한 논의가 보인다. 이 대목에서 당시 나례희의 내용을 엿볼 수가 있다.

놀이의 내용은 광대의 줄타기, 죽방울받기, 곤두박질(땅재주) 등의 규식지희(規式之戲)와 수척(水尺, 배우)의 중광대놀이 등의 소학지희(笑謔之戲) 그리고 악공(악사)들의 음악 등 3부로 나누어진다. 이것은 고려 때에 백희와 가무 등 2부로 나눈 것에 비하여 구경거리로서 더욱 연희화된 것으로 볼 수 있다.

성종 19년(1488) 3월 명나라 사신으로 우리나라에 들어왔던 동월(董越)은 평양, 황주 그리고 서울의 광화문 밖에서 산대잡희를 보고 「조선부(朝鮮賦)」라는 시에서 다음과 같이 적고 있다.

불 토하기(吐火), 고기와 용의 탈춤인 만연어룡지희(曼衍魚龍之戲), 무동타기, 줄타기, 답교 등의 산악백희와 사자, 코끼리 등의 조소품(假像)의 진열…등이 있었다.

이 밖에도 탈놀이와 인형놀이에 관한 기록이 성현(成俔, 1439~1504)의 「관나시(觀儺詩)」나 유득공(柳得恭, 1749~?)의 『경도잡지(京都雜志)』 등에도 있다. 「관나시」에서는 채붕을 설치한 위에서 울긋불긋한 옷을 입은 춤꾼이 난무하는 모습과 농환, 줄타기, 인형놀이, 솟대타기 등을 나례의 놀이로서 읊고 있다.

이와 같은 산대나희는 풍요를 기리고 귀신을 쫓는 나례로서 그리고 외국 사신의 영접, 조정의 각종 행사에까지 꼭 필요한 절차로 이어져 왔으나 임진 왜란과 병자호란 뒤 국운이 쇠잔해지면서 명맥만 유지하기에 이른다.

인조(1623~1649) 이후로는 나례의 규모도 축소되어 '축역(逐疫) 의식'만으로 그치고 명나라에서 청나라로 중국의 왕조가 바뀐 뒤로는 숭명배청(崇明排淸)의 감정과 함께 청나라 사신을 영접할 때의 산대 시설도 시들해지고 만다. 영조(1724~1776), 정조(1777~1800) 때까지는 가끔 있었으나 그 뒤로 공의(公儀)로서의 산대나희는 없어지고 말았다.

공의로서 기능을 잃은 뒤 관청의 지원을 받던 '도감패'들은 뿔뿔이 흩어지지만 서민 사회에 자생적으로 전승되어 온 탈놀이를 비롯한 산대잡희들은 면면히 그 생명력을 유지, 발전시키면서 오늘에 전하고 있다. 지난 한 세기 동안 끊임없는 외세와의 대립 과정에서 변질될 수밖에 없었던 시련도 있었지만 아직도 전국 방방곡곡에 그 나름의 독창적인 탈들이 전승되고 있다.

조선의 처용무, 학무

그 연원을 신라시대로 거슬러 올라가 찾을 수 있는 처용무는 조선 말 순조(純祖) 때까지는 대대로 구나(驅儺)의 진연(進宴)에서 추어져 왔다. 그런 면에서 처용무는 궁중에서 전승된 '구나무(驅儺舞)'라 하겠다. 그런데 이 유서 깊은 춤의 발자취를 살펴보면 많은 변화 과정을 거쳤음을 알 수가 있다.

한 예로 고려 말 이곡(李穀, 1298~1351)의 시에서 보면 그 당시의 처용무는 '2인무'로 나타난다. 그러나 조선시대 성현(成俔, 1439~1504)의『용재총화(慵齋叢話)』에는 처음에는 한 사람으로 하여금 붉은 탈과 검은 옷에 사모(紗帽)를 쓰고 춤추게 했으며 그 뒤에 오방처용(五方處容)이란 것이 구성되었다고 하였다. 아마도 이 춤은 중국 '오방무'의 영향을 받아 '오방처용무'로 확대되고 세종(世宗, 1418~1450)과 세조(世祖, 1455~1468)대의 대수정을 거쳐 다시『악학궤범(樂學軌範)』(1493)에 기재된 대로 학연화대처용무합설(鶴蓮花臺處容舞合說)로 가무극화(歌舞劇化)된 것으로 보인다.

호탕한 바지춤(男性舞)으로서의 처용무의 짜임새는 다음과 같다.

춤꾼(舞員) 5명이 동서남북과 중앙의 5방을 상징하는 청(靑:東), 홍(紅:南), 황(黃:中央), 백(白:西), 흑(黑:北)색의 탈복을 입고 처용의 탈을 쓴 다음 한 사람씩 무대에 나아가 한 줄로 선 채 처용가를 가곡언락(歌曲言樂)

에 맞추어 일제히 부른다.

　　"신라성대소성대(新羅聖代昭盛代)
　　　천하태평나후덕(天下太平羅睺德)
　　　처용아바 이시인생(以是人生)에
　　　상불어(相不語) 하시란대
　　　삼재팔란(三災八難)이 일시소멸(一時消滅)하새다."

　　이런 노래가 끝나면 선 자리에서 다섯 사람이 함께 두 팔을 올렸다 내리고 서로 등을 돌려 대하는 춤, 좌선(佐旋)에서 회무(回舞), 다음에는 오방수양수무(五方垂楊手舞) 곧 가운데 춤꾼이 사방의 춤꾼과 개별적인 맞춤(對舞)을 벌이는데 이 부분이 이 춤의 고비가 된다. 일동은 다시 북쪽을 향하여 한 줄로 서서 봉황음중기(鳳凰吟中機)를 제창하는데 현재는 가곡편락(歌曲編樂) 가락에 얹어 부른다.

　　"산하천리국(山河千里國)에
　　　가기울총총(佳氣鬱葱葱)하새다
　　　금전구중(金殿九重)에 명월(明月)하시니
　　　군신천재(群臣千載)에 회운룡(會雲龍)이새다
　　　희희서속(熙熙庶俗)은 춘대상(春臺上)이어늘
　　　제제군생(濟濟群生)은 수역중(壽域中)이새다."

　　그 다음이 '잔 도드리 장단'의 낙화유수무(落花流水舞)로서 무대 바른편으로 차례로 돌며 퇴장한다.

　　그러면 여기서 구나무적 성격이 약해진 조선조 후기의 학연화대처용무합설의 모습을 적어 본다.

　　구나 뒤의 처용무는 전도(前度)와 후도(後度)로 나누어 두 번 추는데 후도에서 '학무'와 '연화대무'가 합설되고 이어서 미타찬(彌陀讚)과 본사찬(本師讚), 관음찬(觀音讚)과 같은 불가(佛歌)를 곁들였다.

　　학무와 연화대무는 미리 연꽃 속에 두 동녀(童女)를 감추고 학 2마리가 나와 춤을 추다가 연꽃 주위에서 어르다 쪼아 터뜨리면 그 속에서 예쁜 동녀가 나온다. 학이 물러난 다음에 동녀들이 연화대무를 추는 것이다.

　　숙종 이후 조선 후기에는 위의 세 가지 춤이 각기 독립되어 추어졌다 한다. 그런데 『교방제보(教方諸譜)』(1872)에서 보면 연화대무와 학무를 합설하는 것이라 하여 연꽃 속에서 나온 두 동녀가 2마리 학을 타고 추는 춤이 소개되고 있다.

한편 학춤은 『악학궤범』에는 '청학'과 '백학'으로 나오나 『교방제보』에서는 '백학' 한 쌍이라 했다. 조선 말기의 「정재홀기(呈才笏記)」에는 '청학'과 '황학'으로 되어 있으니 '학탈'과 여기에 갖추어지는 의상은 다양한 것이었다고 생각된다. 또한 5개의 '오방처용탈'의 빛깔은 동일하게 붉고 의상만이 오방을 상징하는 색으로 되어 있다는 의견이 있다. 그런데 단원(檀園) 김홍도(金弘道, 1745~?)의 '평안감사 환영도'에 처용탈과 그 탈복들이 오방색(청, 홍, 백, 흑, 황)으로 그려져 있는 것을 보면 역시 여러 변형이 있었던 것 같다.

처용무는 조선조에 들어와서도 대표적인 탈춤의 하나였는데 여기에 동물탈을 쓰고 추는 학춤까지 합세하고 있다. 현재는 처용무, 학춤이 거의 별개로 추어지고 있다.

'뜬광대'의 탈놀이

정해진 거처가 있어 항시 대령했다가 부름을 받고 연희를 하는 광대를 '대령(待令)광대'라 하고 정해진 거처가 없이 무리지어 떠도는 광대를 '뜬광대'라 한다.

뜬광대에는 '남사당패' '사당패' '솟대장이패' '대광대패' '초란이패' '걸립패' '중매구' '광대패' '굿중패' '각설이장사' '애기장사' 등이 있었는데 이 가운데 다음의 패거리들이 탈놀이를 했었다.(심우성, 「한국의 떠돌이 예인집단」, 『민속문화와 민중의식』, 동문선, 1985. 참조)

　　　　남사당패―덧뵈기
　　　　대광대패―오광대놀이 계통
　　　　초란이(또는 초라니)패―초란이굿
　　　　중매구―오광대놀이 계통

이들의 탈과 탈놀이는 현재 '남사당패'의 '덧뵈기' 말고는 독자적인 전승은 거의 단절된 상태이다.

대광대패와 중매구의 탈놀이는 경상남도 일원에 잔존하고 있는 오광대놀이들에서 그 옛 자취를 찾아볼 수 있을 것이며 초란이패의 초란이굿은 중부지방에 전승되고 있는 산대놀이와 경상도 지방의 오광대놀이가 습합된 형태로서 어느 면으로는 남사당패의 탈놀이 덧뵈기와 같이 지역적 특성은 없는 것이었다 한다. 그러나 탈놀이만은 어느 뜬광대들보다 **빼어나게** 잘했었다 한다.

사자춤, 풍두무(豊頭舞)

신라 오기 가운데 산예로까지 연원이 거슬러 올라가는 '사자탈 놀이'는 꾸준히 민간의 놀이로도 전승이 되었다.

앞에서 예로 든 단원의 '평안감사 환영도'나 『화성성역의궤(華城城域儀軌)』 등에도 사자춤이 보이니 이 춤은 일찍부터 지방 관인의 잔치에까지 추어졌던 것이다.

궁중 무용으로 채택된 것은 고종 24년(1887)이라 하며 「정재홀기」에는 이 춤에 대해 다음과 같이 설명하고 있다.

…영산회상곡에 맞추어 청사자와 황사자가 몸을 흔들고 발을 구르며 앞으로 나와 동서로 나누어 선 다음, 엎드렸다가 일어났다가 하며 땅을 쪼았다가 고개를 흔들어 눈을 부릅뜬 것처럼 보였다가 꼬리를 흔들고 붉은 입을 열어 이를 딱딱 맞추기도 하며 사자의 여러 동작을 흉내내며 춤춘다.

위의 모습은 오늘날까지 전승되고 있는 '북청 사자놀음'을 그대로 보는 듯하다.

한편 특이한 탈의 기록으로는 연산조(燕山朝)에 왕이 스스로 탈을 쓰고 춤을 추었음이 실록에 보인다. '풍두무'라 하지만 어떤 탈춤이었는지는 알 길이 없다. 이 밖에 조선시대에 있었을 여러 탈들에 대하여는 다음 항목에서 다루고자 한다.

〈표2〉 한국 가면 분포 도표

가면	분포 지역
기가면(俱假面), 방상씨 가면, 처용무 가면	서울
광대씨 가면, 창귀씨 가면, 소미씨 가면, 놋도리 가면	개성(開城) (덕물산)
장군 가면	신령(新寧) (경상북도 영천군)
사자 가면	북청(함남), 정주(평북), 영흥(함남), 경성(함북), 명천(함북), 회령(함북), 종성(함북), 경흥(함북), 고성(강원), 횡성(강원), 순천(평남), 안성(경기), 송화(황해), 은율(황해), 황주(황해), 봉산(황해), 서흥(황해), 기린(황해), 강령(황해), 수영(부산), 통영(경남), 남해(경남), 경주(경북), 김해(경남), 마산(경남)
꺾쇠 가면, 양반 가면	북청
산대 가면극의 가면	아현(서울), 녹번(서울), 노량진(서울) 퇴계원(경기), 구파발(서울), 송파(서울) 양주(楊州, 舊邑)
해서 가면극의 가면 (海西 假面劇)	사리원(봉산군), 기린(평산군), 서흥 황주, 강령(옹진군), 해주
야류·오광대 가면극 가면 (野遊·五廣大 假面劇)	초계(草溪, 陝川郡), 신반(新反, 宜寧郡) 진주(晉州), 수영(부산시), 동래(부산시) 부산진, 가락(駕洛, 金海郡), 마산(창원) 통영(충무), 거제, 고성
성황신제 가면극의 가면 (城隍神祭 假面劇)	하회(河回, 安東郡), 병산(屛山, 安東郡) 주곡(注谷, 英陽郡), 강릉(江陵, 溟州郡)

이와 같은 분류는 오늘에 전하고 있는 탈들을 찾아내는 데 필요하다기보다는 1950년대 이전에 전승되고 있던 탈 유산의 종류와 분포 상황을 가늠하는 데 오히려 더 소중하리라는 생각이다.

1900년대 초 일제의 침략으로 민족 문화의 기둥이 흔들리고 1945년 해방에 이은 민족의 분단 그리고 외래 문화의 범람으로 정신을 차리지 못하더니 1950년에는 역사에 더없는 6·25의 참극으로 민족 문화의 뿌리마저 뽑히는 듯 싶었다. 그러나 한민족의 도도한 발걸음은 그렇게 연약한 것이 아님을 우리는 남다른 시련 끝에 확인하게 되었다. 아직도 눈여겨 찾아보면 삼천리 방방곡곡에 꽤나 많은 탈놀이와 그에 쓰이는 탈들이 살아 숨쉬고 있음을 발견하게 된다.

1900년 초 이후 일제와 동서양의 침략자들, 장사꾼들이 우리의 역사 유물을 몽땅 실어갔지만 그래도 용케 자랑스런 탈 유산들이 '국보'로 '민속자료'로 '무형문화재'로 지정되어 남아 있으니 참으로 대견한 일이 아닐 수 없다. 각 고장에 전승되고 있는 탈놀이들도 전승 과정에서 숱한 오류를 범하면서도 공동체의 놀이로서 맥을 이어가고 있음은 자랑스러운 일이다. 남아 있는 유산(사진을 포함해서)과 '무형문화 전수단체'에서 만든 것들 그리고 토착 신앙, 민속 놀이에 쓰이는 토속적인 탈들을 다음에 나누어 살펴보고자 한다.

하회(河回)탈과 병산(屏山)탈(국보 제121호)

탈 유산 가운데 자랑스럽게도 국보로 지정되어 있는 것이 있다. 1964년 3월 30일자로 국보 제121호로 지정되어 현재 국립중앙박물관에 소장되어 있는 하회탈 및 병산탈을『국보』권5 공예(진홍섭, '공예 5', 예경산업사, 1989)에서는 다음과 같이 기록하고 있다.

우리나라에서는 야외 놀이 때 가면을 사용하는 일이 많은데, 대개의 경우 종이나 바가지로 만들어 탈놀이가 끝나면 태워 버리므로 뒤에 남지 않는다. 그러나 이 하회나 병산의 탈은 나무로 만들었고 마을에서 따로

집을 지어 보존해 왔을 뿐더러 이 탈에 대한 금기나 제약이 엄격해서 지금까지 보존되어 왔다.

하회탈은 원래 현존하는 9종(각시, 양반, 부네, 중, 초랭이, 선비, 이매, 백정, 할미) 외에 떡달이, 별채, 총각의 3종이 더 있었으나 일제 때 일본의 미나미 센키치(三波羨吉)가 빼앗아 간 것으로 전하고 있다.

이 탈은 매년 정월 보름날에 거행되는 별신굿놀이에 사용되던 것으로 평상시에는 입에 담지 못하던 신랄한 비판과 풍자를 가면을 쓰고 마음껏 토로하였던 것이다. 이들 가면은 오리나무로 만들고 채색을 했으며 턱을 따로 만들어 노끈으로 달아서 놀이 때 생동감 있게 움직일 수 있게 하였다. 특히 양반과 백정은 세련된 입체감이 나타나 있어서 주목된다.

하회탈 가운데 이매는 턱이 없다. 이는 하회에 살던 허(許) 도령이 신탁 (神托)을 받고 탈을 만드는 도중 그를 연모하던 처녀가 금기를 어기고 탈방을 엿보는 바람에 허도령이 급사하였으므로 미완성으로 남게 되었다고 한다. 이는 이 탈이 고려시대에 이미 이 마을에 세거(世居)하던 허씨 문중에 의해서 제작되었다는 암시인지도 모른다.

한편 1980년에는 2개의 주지탈이 추가 지정되었는데 이 탈은 별신굿놀이의 한 마당인 주지놀음 때 사용하던 것으로 다른 탈들과는 전혀 다른 형태로 제작되었다. 반타원형의 판자 한쪽에 코와 입을 따로 만들어 붙였고 판자의 표면에는 검은 색과 붉은 색으로 눈을 그렸다. 그리고 주위에는 머리에 쓰는 보자기를 꿰어 매달기 위한 구멍이 있고 코 위에는 구멍을 통해서 끈을 꿰게 되어 있다. 이들 탈의 제작 연대를 밝힐 자료는 없으나 고려시대 이래의 작품으로 추정된다.

2개의 병산탈은 병산 마을에서 전래하던 것으로 하회탈과는 작풍(作風)이 전혀 다르다. 탈의 이름은 그 동안 밝혀지지 않아 '갑' '을'로 불러 왔으나 1980년에 '대감'과 '양반'으로 지정되었다.

위의 책에서 하회탈 9점 가운데 '양반'으로 나오는 것이 역시 앞에서 말한 『한국 가면의 연구』(최상수)에서는 '선비'로 이름 붙여지고 있는데 이 문제는 조심스럽게 밝혀내야 할 숙제라 하겠다.

병산탈 양반

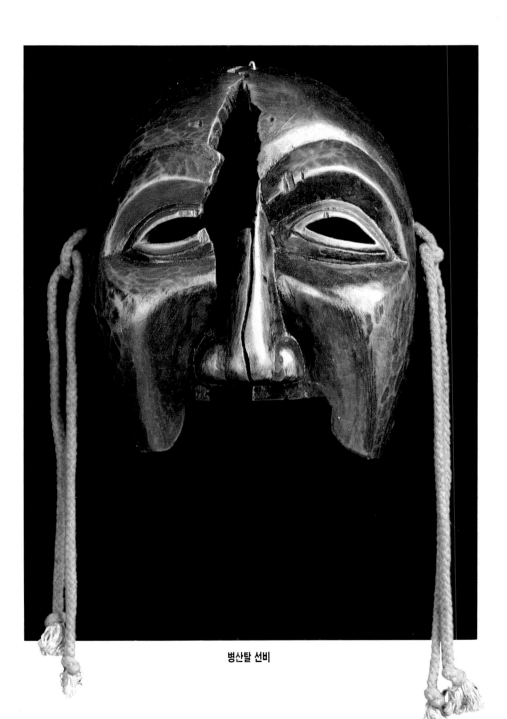

병산탈 선비

하회탈

하회탈 양반

하회탈 각시

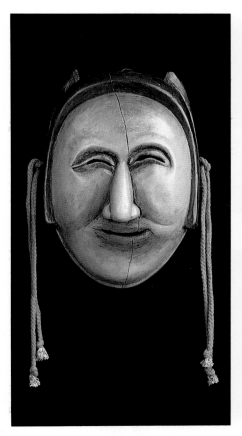

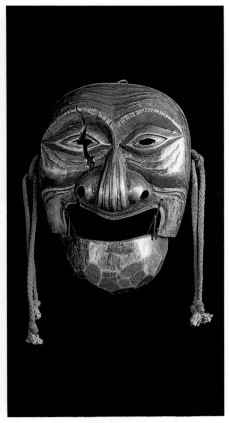

하회탈 부네　　　　　　　　　**하회탈 선비**

하회탈 중

하회탈 백정

하회탈 이매

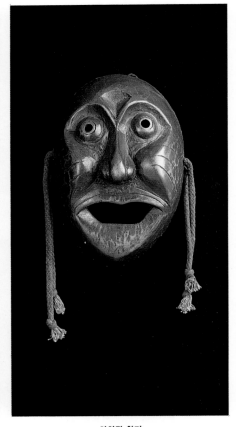

하회탈 할미

하회탈 초랭이

이 책에서는 일단 그 동안 통용되어 온 대로『국보』(진홍섭)에 따르고자 한다. 그러면 국보로 지정되어 있는 12종을 살펴보기로 한다.

양반, 백정, 이매, 부네, 각시, 중 등은 새치름히 실눈을 뜨고 있다. 그러면서도 눈은 들어가고 코는 높은 이른바 심목고비(深目高鼻)의 수법을 쓰고 있다. 이러한 구조는 주지탈 2점을 제외한 하회탈 9점이 지니는 공통적인 특징이기도 하다.

또 한 가지 주목할 점은 양반, 선비, 백정, 중 등은 턱을 따로 만들어 노끈으로 연결함으로써 재담을 하는 데 편하고 표정의 변화도 자유롭고 다양하게 구사할 수 있다는 점이다. 할미, 초랭이, 부네, 각시도 턱은 움직이지 않지만 눈자위, 콧등, 광대뼈, 입 언저리 등의 높낮이, 선 등의 조화로 움직이는 각도에 따라서 표정이 달라진다.

턱이 없는 이매는 하회탈을 만들었다는 전설적 주인공인 '허 도령(최상수 님은 안 도령이라 함)'의 슬픈 사랑 이야기에서 보이듯이 허도령의 갑작스런 죽음으로 인하여 미완품이 되었다고 전한다.

주지탈은 그 모양새와 크기가 거의 같은 것이 2개인데 나비 모양으로 된 엷은 나무판으로 아래위로 입처럼 된 것이 열리고 닫히게 되어 있는데 이것은 사자를 상징하는 것이라 한다.

하회탈과 함께 국보 제121호로 지정되어 있는 병산탈이 전하는 '병산'이라는 곳은 '하회'와는 멀지 않은 같은 안동군인데도 작품은 꽤 다르다. 양반과 선비(양미간이 깨진 것) 2점인데 둘 다 턱이 없다. 턱이 없는 이 병산탈은 하회탈의 이매처럼 미완성품이 아니라 본디 아래턱이 없이 탈꾼의 턱이 탈의 아래턱 역할을 하면서 자유로이 재담을 했던 것이 아닌가 싶다.

우리나라의 탈이 대륙에서 전한 기악면(伎樂面), 무악면(舞樂面), 행도면(行道面), 불면(佛面) 등의 기법에 크게 영향을 받았으리라는 것이 이 방면 전문가들의 공통된 의견이다. 그리고 그러한 영향을 받으면서 이 땅에 정착한 탈 가운데 하회·병산탈은 가장 오랜 유물이라는 데도 거의 의견을 같이하고 있다.

하회·병산탈의 가치는 단지 우리나라에서 가장 오래된 것이라는 데 있는 것이 아니라 그것이 중국에서 우리나라를 거쳐 일본에까지 전해진 중앙

아시아 계통의 탈의 흐름과 변모 그리고 동양의 탈의 역사를 살피는 데 있어 소중한 자료가 된다는 데 있다.

현재 하회·병산탈은 국립중앙박물관에 보관되어 있고 '하회 별신굿 탈놀이'는 중요 무형문화재 제69호로 지정되어 있으며 예능 보유자로는 이창희 (李昌熙, 각시역, 1913년생, 남) 옹이 위촉되어 있다. 경상북도 안동군 풍천면 하회동에 하회 별신굿 전수교육관(전화 0571—54—3664)이 있다.

방상씨(方相氏) 탈 (중요 민속자료 제16호)

'방상씨'란 악귀를 쫓는 탈을 뜻한다.

중요 민속자료 제16호로 지정되어 있는 '방상씨 탈'은 지난 1970년 창덕궁 창고에서 장례 용구와 함께 발견된 것이다. 소나무 판자에 얼굴 모양을 파고 그 위에 이마와 눈썹, 코와 귀를 따로따로 만들어 붙였다. 네 눈과 입은 음각했으나 구멍이 뚫리지는 않았다. 눈썹에는 녹색과 홍색을 칠한 흔적이 있다. 높이가 72센티미터나 되는 이 나무탈은 조선 말까지 사용되었던 장례용 방상씨 탈인지 궁중 나례에 쓰여졌던 것인지 아니면 본으로 만들어 놓은 것인지 확인할 길이 없다.

이처럼 나무로 된 큰 방상씨 탈은 수레에 실려 상여의 앞에서 잡귀를 쫓았다.

〈방상씨〉
높이 72센티미터, 너비 76.5센티미터, 귀길이 38.5센티미터,
귀너비 11센티미터, 코높이 11센티미터, 코길이 31.5센티미터,
코너비 20센티미터, 눈지름 9센티미터, 입길이 33.5센티미터.

장례에 쓰인 일반적인 방상씨 탈은 나무, 종이, 짚으로 만들며 이것을 쓴 방상씨가 장례 행렬의 맨 앞에서 춤을 추며 잡귀를 쫓았다. 무덤에 이르러서는 광중(壙中 : 시체를 묻는 구덩이) 안의 악귀를 쫓는다. 한번 쓴 탈은 무덤 근처에 묻거나 태워 없애 버리므로 장례 때마다 새로 만들어 썼다.

양반 계급의 장례식 행렬(日本 改造社版 地理講座 日本편 6권, 1934년 12월, 240쪽)

한편 나무로 된 방상씨 탈은 조정이나 규모 있는 사대부가에서 썼고 종이
로 된 방상씨는 일반 양반 계층에서 썼으며 짚으로 엮어서 만든 것은 일반
서민들이 썼다는 이야기도 전한다. 이 밖에도 1905년에 만든 것으로 전하는
방상씨 가면(최상수 소장)을 앞의 책『한국 가면의 연구』에서는 다음과
같이 설명하고 있다.

…웅피제(熊皮製), 원형의 주홍색 바탕에 좌우 눈썹은 반달형으로서
빗살같이 녹색으로 내리그었고 눈은 좌우에 2개씩 붙어 있는데 눈알은
나무로 만들어 붙여서 움직이게 되어 있다. 주먹만한 코는 크고 펑퍼짐하
며 이마와 콧등, 좌우 볼에는 황색의 여러 점이 붙어 있다.
쭉 찢어진 입에는 이빨이 붙어 있다. 위아래 입술은 흑색으로 가느다랗
게 내리그었고 좌우 양쪽에는 두 가닥씩 백색으로 된 줄같이 긴 이빨이
붙어 있다. 그리고 얼굴 좌우 양편과 상편(上便) 가에는 곰털을 붙였으며
좌우 양편에는 비교적 긴 귀가 붙어 있다.
가면의 높이는 62센티미터, 너비는 76센티미터이다.…

위에서 설명하고 있는 탈이 현재 어디에 있는지 확인되지 않음은 매우
아쉬운 일이다. 그리고 지푸라기로 엮어서 실제 얼굴에 쓰고 상여 앞에서
길닦음을 하며 썼던 방상씨 2점은 필자가 소장하고 있다. 지금으로서는
중요 민속자료 제16호로 지정되어 있는 방상씨 탈이 조선시대의 유일한
유품이다.

옛 장례 행렬의 방상씨

나무로 된 방상씨 탈

중요 무형문화재로 지정된 '탈놀이'의 탈들

　현재 전국에 전승되고 있는 탈들을 찾고자 한다면, 중요 무형문화재로 지정되어 있는 '연극 분야' '놀이와 의식 분야' '무용 분야'로 나누어 살피는 것이 가장 쉬운 방법일 것 같다.

　1964년 12월 7일에 지정하기 시작한 중요 무형문화재는 올해까지 98종에 이르고 있는데 그 가운데 탈이 쓰이는 종목을 분야별로 나누어 보면 다음과 같다.

　연극 분야 '양주(楊州) 별산대(別山臺)놀이' '통영(統營) 오광대(五廣大)' '고성(固城) 오광대' '북청(北青) 사자놀음' '봉산(鳳山) 탈춤' '동래(東萊) 야유(野遊)' '강령(康翎) 탈춤' '수영(水營) 야유' '송파(松坡) 산대(山臺)놀이' '은율(殷栗) 탈춤' '하회(河回) 별신(別神)굿 탈놀이' '가산(駕山) 오광대'(지정연대순)

　놀이와 의식 분야 '남사당놀이' '강릉(江陵) 단오제' '양주(楊州) 소놀이굿' '황해도 평산(平山) 소놀음굿'(지정연대 순)

　무용 분야 '처용무(處容舞)' '학무(鶴舞)'(지정연대 순)

　이상 총 18종을 지역별, 종목별로 나타내 보았다.

〈표3〉 탈이 쓰이는 중요 무형문화재의 분류

종목별	지역별
산대놀이	양주 별산대놀이(경기), 송파 산대놀이(서울)
해서(海西) 탈춤	봉산 탈춤(황해도, 현재 서울) 강령 탈춤(황해도, 현재 서울) 은율 탈춤(황해도, 현재 서울)
오광대(五廣大)	통영 오광대(경남), 고성 오광대(경남) 가산 오광대(경남)

종목별	지역별
야류(野遊)	동래 야류(부산), 수영 야류(부산)
서낭굿 탈놀이	하회 별신굿 탈놀이(경북) 강릉 관노 탈놀이(강원)
유랑광대 탈놀이	남사당 덧뵈기(서울)
사자놀이	북청 사자놀음(함남, 서울)
소놀이굿	양주 소놀이굿(경기) 황해도 평산 소놀음굿(황해, 현재 서울)
춤	처용무(서울), 학무(서울)

그러면 위의 표에 따라 순서대로 살펴보기로 한다.

산대놀이

산대놀이는 서울을 중심으로 경기도 일원 중부 지방에 전승되어 온 탈놀이의 이름인데 '본산대'라 일러오던 '애오개' '녹번' '사직골' 등지의 것은 놀이가 전하지 않고 현재 양주 별산대놀이와 송파 산대놀이 두 가지가 전할 뿐이다.

산대탈은 지금으로부터 70, 80년 전까지만 해도 거의가 나무탈이었다 하는데 현재는 바가지탈로 바뀌었다. 바가지탈은 나무탈보다는 만들기가 쉽고 가벼워 쓰고 놀이를 하는 데 편리해서 그렇게 되었는지도 모른다.

양주 별산대놀이

현재 경기도 양주군 주내면 유양리에 전승되고 있는 양주 별산대놀이는 1964년 중요 무형문화재 제2호로 지정되었다. 이 탈놀이가 문화재로 지정

양주 별산대놀이 탈 22점

되면서 처음에 탈을 만들었던 고(故) 김성대(金成大, 1907~1970) 옹은 1968년 필자와의 대담에서 다음과 같이 말한 바 있다.

"먼저 만들고자 하는 얼굴 형태와 걸맞은 바가지를 골라 잘라 다듬는다. 소나무 껍질로 코, 눈썹 등을 깎아 제자리에 붙인 뒤 창호지를 손으로 찢어서 다시 떨어지지 않게 붙이는데 이때 얼굴 전체를 조각 종이로 고르게 바른다.

노끈으로 눈 가장자리, 눈, 주름살 등을 붙이고 다시 창호지 조각을 붙인다. 눈, 입 등의 구멍을 뚫은 다음 흰 빛깔로 바탕을 칠하고 그 위에 탈의 배역에 따라 아교와 물감을 배합한 '아교 단청'으로 특징을 나타낸다. 탈의 가장자리에 구멍을 뚫어 탈보를 꿰매면 완성이 되는 것이다."

이 밖에 다음과 같은 증언도 있다.

"1930년대 초에 들어와서 양주에서는 다시 탈을 제작하게 되었다. 탈은 윤태균(尹台均), 이재한(李在漢), 김성운(金盛運), 이창유(李昌裕) 등이 주동이 되어 만들게 되었는데 이전의 결점인 서해(鼠害)를 극복하기 위하여 바가지 위에 노송피(老松皮)로 코, 눈썹, 턱 등을 깎아 붙이고 삼 노끈으로 주름살을 만들어 붙인 다음, 그 위에 한지를 바르고 채색을 입히는 방법이 채택되었다. 이렇게 해서 만들어진 탈은 6·25 때 불에 타 없어질 때까지 놀이의 도구로 사용되었다. 노송피를 이용하는 방법은 현재에도 그대로 전승되고 있다."(金成大, 「양주 별산대놀이가 걸어온 자취」, 沈雨晟, 『韓國의 民俗劇』, 創作과 批評社, 1976)

산대탈에 관한 또 다른 소중한 증언도 있다.

"수복 뒤 이장순(李長順) 옹과 김성태(金星泰) 옹이 김성대(金成大) 씨의 후원으로 다시 만든 바가지탈은 현재 성균관대학교 박물관이 소장하고 있으며 최근 양주 산대놀이에 사용하고 있는 바가지탈은 김성대 씨가 제작한 것이다. 이 밖에 고려대학교 박물관이 40여 개의 산대 바가지탈을 소장하고 있고 윤호선 작(作)이라는 산대 가면 일식(一式)을 최상수 씨가 갖고 있다고 한다.

해외에 있는 것으로는 일본 천리대학(天理大學) 참고관에 21개 산대 가면('박광대, 二一面'이라고 대장에 기재되어 있다)이 수집되어 있다. 1933년경

양주 별산대놀이의 왜장녀

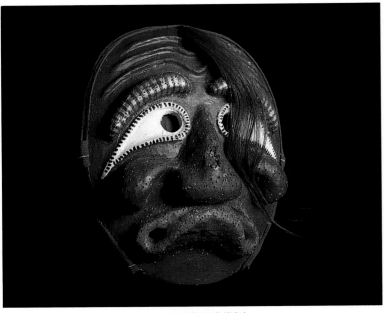

송파 산대놀이의 취발이

에 구득한 것이라고 하며 그 이상의 확실한 대장 기록이 없어 자세한 것은 알 수 없으나 필자가 점검한 바로는 목중 하나의 입과 턱에 걸쳐 '천계 4년월일 궁내 산대(天啓四年月日宮內山臺)'라는 명기(銘記)가 먹으로 표기되어 있었다. 천계(天啓; 명나라 연호) 4년은 인조(仁祖) 2년(1624)이 되는데 만일 이 명기를 믿을 수 있다면 궁내 산대(宮內山臺)놀이의 존재가 확인되는 셈이다.

이 밖에 창덕궁 창고에서 방상씨 목가면 1개와 5개의 산대탈과 23개의 산대 가면 한 벌과 도구를 촬영한 사진 원판이 발견된 바 있다. 이러한 유물로 보아 공의(公儀)로서 영조(英祖) 이후 산대희는 정파(停罷)된 것 같으나 조선 말까지도 계속적으로 궁중에서 가면희를 연행했던 것 같다. 한편 국립중앙박물관은 10개의 산대탈을 소장하고 있다(이 역시 경복궁을 지을 때 쓰던 것이라 전한다)."(이두현, 『한국가면극』, 문화재관리국, 1969, 208쪽 참조)

김성대가 만든 탈로 연희되던 양주 별산대놀이는 그가 세상을 떠난 뒤 그의 제자 류경성(柳敬成)이 이어서 만들다가 지금은 그의 아들 류한수(柳漢洙)가 뒤를 잇고 있다. 류씨 부자(父子)의 탈은 모양새가 거의 같으나 과거 김성대 옹의 탈에 비하여 모양새나 빛깔이 곱고 밝아서 토속미가 덜하다는 것이 일반적인 평이다.

양주탈 22점은 다음과 같다.

상좌(2), 옴중, 목중(4), 연잎, 눈끔적이, 완보, 신주부(新主簿), 왜장녀(해산어멈, 도끼누이 겸용), 노장, 소무(2, 애사당 또는 당녀 겸용), 말뚝이(신장수, 도끼 겸용), 원숭이, 취발이(쇠뚝이 겸용), 샌님, 포도부장, 신할아비, 미얄할미이고 이 탈 가운데에서 가장 큰 것은 눈끔적이탈(길이 27.5센티미터, 너비 23센티미터)이며 가장 작은 것은 상좌탈(길이 22.5센티미터, 너비 18센티미터)이다.

송파 산대놀이

서울특별시 송파구 송파동에 전승되고 있는 송파 산대놀이는 1973년 중요 무형문화재 제49호로 지정되었다.

송파는 1963년 1월 서울특별시로 편입되기 전까지는 경기도 광주군에 속해 있었고 1925년 7월 이른바 '을축년 큰 홍수' 이전에는 나루를 끼고 있던 큰 마을로서 송파장(松波場)이란 향시(鄕市)의 하나이기도 했다. 이러한 상역지(商易地) 송파에 장꾼들을 끌어들이기 위하여 일찍이 산대놀이가 정착되었을 것이라는 의견이 이 방면 전문가들의 공통된 의견이다. 이보형(李輔亨)의「송파 산대놀이」(『중요 무형문화재 해설—연극편—』, 문화재관리국, 1986)의 '유래편'에 다음과 같은 기록이 있다.

조선 말기에 송파에서 산대놀음을 논 놀이꾼으로 윤종현(尹宗鉉), 김도환(金道煥), 허성복(許成福), 박희선(朴希善), 김동현(金東鉉), 윤성석(尹聖錫), 배운학(裵雲鶴), 유천식(柳千植), 조영완(趙永完)의 이름이 전한다.

서울에 철로가 생기면서 송파장은 쇠퇴하기 시작하였고 을축년 홍수로 송파 마을이 온통 물에 휩쓸려 나가자 장을 돌말이로 옮겼는데 그 뒤로는 송파장이 깨져 송파 산대놀음은 시들해졌다.

이 무렵에 돌말이의 한유성(韓有星), 이범만(李範萬), 엄준근(嚴俊根), 김성길(金成吉)이 옛 송파에서 산대놀음을 놀던 윤종현(尹宗鉉)에게 배워 놀았다 한다. 이때 이웃 마을 몽촌에 살던 이충선(李忠善), 이달선(李達善), 이일선(李一善)이 산대놀음의 삼현장이로 불려 다녔다 한다.

6·25 뒤에는 송파의 김도환에게 배운 허호영(許浩永)이 앞장서서 송파 산대를 재건하였는데 돌말이 쪽에서는 한유성, 이범만, 엄준근에게 배운 여태산(呂泰山), 심재석(沈在錫)이 참가하였고 송파에서는 김도환에게 배운 김영진(金榮珍), 문육지(文陸地), 김윤택(金潤澤)이 놀이에 참가하였으며 악사로는 이충선과 그의 제자 이윤성(李允成), 이은석(李恩錫), 허수복(許壽福)이 참가하였다.

송파 산대놀이는 1973년 무형문화재로 지정되면서 탈은 허호영이 맡았으며 지금은 한유성이 만들고 있다. 제작 방법은 양주 별산대놀이의 탈과 크게 다르지 않다. 송파탈 33점은 다음과 같다.

상좌(2), 옴중, 먹중(4), 눈끔적이, 연잎, 신주부, 노장, 소무(2), 왜장녀,

신장수, 원숭이, 취발이, 동자(인형), 해산어멈, 샌님, 서방님, 도련님, 말뚝이, 쇠뚝이, 미얄할미, 애사당(2), 포도부장, 신할아비, 신할미, 도끼, 도끼누이, 무당이다. 이 탈 가운데 소무·애사당·원숭이탈이 가장 작으며(길이 22센티미터, 너비 19센티미터) 연잎·눈끔적이·포도부장·노장탈이 가장 큰 탈이고(길이 27센티미터, 너비 24센티미터) 나머지는 이들의 중간 정도 크기이다.

해서(海西) 탈춤

황해도 일원에 전승되어 오는 탈놀이를 흔히 '해서 탈춤'이라 한다. 분포 지역을 보면 서쪽 평야 지대인 사리원을 중심으로 황주와 안악, 재령, 신천, 장연, 송화, 은율 등지 그리고 해안 지대로 해주, 강령, 옹진, 송림, 추화, 금산, 연백 등지의 탈춤으로 크게 셋으로 구분할 수 있다.

이 밖에도 5일장이 선 거의 모든 장터에서는 탈꾼들을 초빙해서라도 최소한 1년에 한 번씩은 탈놀이를 했다고 하니 과연 탈의 고장이라 할 만하다.

현재 중요 무형문화재로 지정을 받은 해서 탈춤은 '봉산 탈춤' '강령 탈춤' '은율 탈춤' 세 가지인데 그 예능 보유자들은 1950년 6·25 이후 월남한 분이 대부분이며 최초의 보유자들이 거의 세상을 떠나 지금은 후계자들이 뒤를 잇고 있다.

봉산 탈춤

봉산 탈춤은 원래 봉산 구읍 경수대(競秀臺;지금의 봉산군 동선면 길양리)에서 놀던 것인데 1915년경 행정 기관이 사리원으로 옮겨지면서 사리원의 경암산(景岩山) 아래에서 놀게 되었다 한다.

이 탈놀이는 1967년에 월남한 예능 보유자들에 의하여 서울에서 재현되면서 중요 무형문화재 제17호로 지정되었는데 당시의 연희자는 다음과 같다.

민천식(閔千植, 1898~1967, 사자마부역), 김진옥(金辰玉, 1894~1969,

봉산 탈춤의 취발이

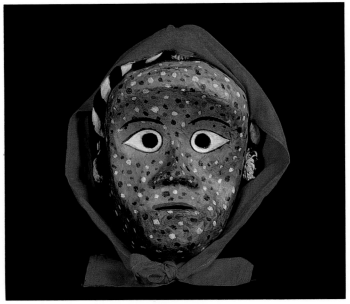

봉산 탈춤의 미얄

첫목중역), 이근성(李根成, 1895~1978, 목중·취발이·사자역), 양소운(梁蘇云, 1924~, 사당·미얄역), 김용익(金龍益, 1902~1979, 목중·마부·거사역), 최경명(崔景明, 1912~1985, 말뚝이·취발이역), 김선봉(金先峰, 1922~, 상좌·소무역), 윤옥(尹玉, 1925~, 상좌·덜머리집역), 오명옥(吳明玉, 1906~, 피리·해금악사).

이 가운데 많은 분이 세상을 떠나고 지금은 양소운, 윤옥, 김선봉과 훗날 김기수(金琪洙, 1936~, 노장·목중역, 탈 제작)와 김애선(金愛善, 1937~, 소무·상좌·목중역)이 추가로 인정을 받았다.

탈의 형태는 비교적 사실적인 산대탈에 비하여 비사실적인 귀면형(鬼面型)으로 굴곡이 심하다. 만드는 법은 흙을 빚어 만든 철형(凸型)의 탈틀(모형) 위에 창호지를 여러 겹 발라 말린 다음에 분리시켜서(전에는 모형의 흙을 파냈다) 먹과 물감으로 눈, 눈썹, 코, 입 등을 그린다.

봉산 탈춤에는 모두 34역이 등장하나 겸용이 있어서 실제 가면은 보통 26개가 사용된다.

상좌(4), 목중(墨僧, 8), 거사(6, 홀아비거사 포함), 사당, 소무, 노장, 신장수, 원숭이, 취발이, 맏양반(샌님), 둘째 양반(서방님), 셋째 양반(종가집 도련님), 말뚝이, 영감, 미얄, 덜머리집(용산삼개), 사자 등이다. 이 탈 가운데 가장 큰 것은 취발이로 높이 31.7센티미터, 너비 18센티미터이고 가장 작은 것은 원숭이로 높이 20.5센티미터, 너비 16센티미터이다. 사자는 대로 엮어 만든 위에 창호지를 붙이고 그 위에 물감으로 형상을 그렸는데 얼굴 높이 28.7센티미터, 너비 21센티미터이다.(최상수, 『한국 가면의 종류』에서)

강령 탈춤

황해도 옹진군 부민면 강령리는 옛날부터 탈놀이가 전승되어 온 곳이다. 강령 탈춤은 다른 해서 탈춤과 마찬가지로 단오놀이로 잘 알려져 있으며 그 밖의 대소 명절에도 놀아졌다 한다.

1970년에 중요 무형문화재 제34호로 지정된 이 탈놀이는 6·25 이후 현지에서 월남한 오인관(吳仁寬, 1901~1971, 말뚝이역), 박동신(朴東信,

강령 탈춤의 소무

강령 탈춤의 미얄

1909~1992, 장고·피리), 양소운(梁蘇云, 1924~), 김지옥(金知玉, 1922 ~1984, 맏양반·목중역), 지관용(池觀龍, 1909~1986, 장고·피리) 등에 의하여 인천, 서울에서 복원된 것이다. 그리고 현재 예능 보유자로 인정된 김실자(金實子, 1928~, 둘째 양반·마부역), 김정순(金正順, 1932~, 상좌· 용산삼개집역), 보유자 후보 김정숙(金貞淑, 1935~)은 모두 1969년 이래 인천에서 양소운에게 사사받은 사람들이다.

1969년 복원 과정에서 처음 탈을 만든 사람은 오인관이었고 그가 세상을 떠난 뒤로는 1974년에 이수자인 고 김만회 씨가 생전까지 탈 제작자로 인정을 받았었는데 지금은 공석으로 있다.

강령탈 21점은 다음과 같다.

말뚝이(2), 목중(2), 상좌(2), 취발이, 마부(2), 맏양반, 둘째 양반, 셋째 양반(재물대감), 남강노인, 노승, 소무, 영감, 미얄할미, 용산삼개집, 도령, 원숭이, 사자이다. 이 가운데 가로가 제일 긴 것은 말뚝이탈로서 21.5센티미 터이며 세로가 제일 긴 것은 남강노인으로 33.5센티미터이다. 개별적으로 볼 때 제일 큰 탈은 말뚝이탈(가로 21.5센티미터, 세로 26.5센티미터)이고 제일 작은 것은 소무탈(가로 16센티미터, 세로 24센티미터)이다. 사자탈은 얼굴 높이 28.7센티미터, 너비 22센티미터이다.(최상수, 『한국 가면의 종 류』에서)

은율 탈춤

이 탈춤은 본래 황해도 은율군 은율 소읍이 본거지였다. 고려 초기의 은율현(殷栗縣)이 은율군이라는 명칭으로 바뀐 것인데 고구려 때에는 율구 (栗口) 또는 율천(栗川)이라 했던 곳이다.

은율 소읍은 구한말까지 5백여 호, 해방 뒤에는 1천5백여 호의 소도시가 되었는데 오래전부터 탈놀이를 놀아온 것으로 전한다. 황해도의 다른 지방 의 경우에 비추어 본다면 늦어도 조선조 후기(19세기)부터는 탈놀이가 성행했던 것으로 추정할 뿐이다.

6·25와 1·4후퇴 때 월남한 장용수(莊龍秀, 1903~, 영감·양반탈 제작) 와 장교헌(張教憲, 1894~1975, 은율 현지에서 놀았던 놀이꾼·노승·헛목·

은율 탈춤의 새맥시

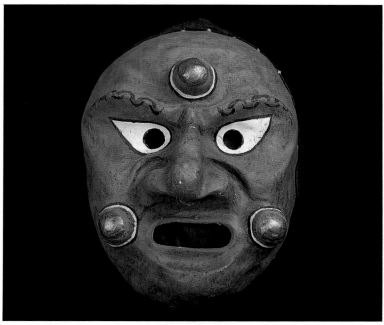

은율 탈춤의 팔목중

말뚝이역)이 인천에서 만나 이 탈놀이를 재건하면서 1978년 중요 무형문화재 제61호로 지정되었다.

현재 예능 보유자로는 장용수 옹과 김춘신(金春信, 1925~, 헛목·상좌역, 탈복 제작), 김영택(金永澤, 1921~, 악사)이 인정을 받고 있다.

1960년대 은율 탈춤이 재기된 이래 탈과 소도구는 장용수가 직접 만들거나 그의 지도 아래 이루어지고 있다. 탈의 제작 공정을 보면 다음과 같다.

먼저 진흙으로 각기 다른 탈의 모양을 만들어 말린다. 흙이 굳으면 그 위에 석고를 부어서 모형틀을 만든다. 속에 든 흙을 모두 제거하면 틀이 완성된다. 그 모형틀을 이용하여 수시로 탈을 만들어 낼 수 있다. 틀 속에 종이를 바를 때에는 먼저 초배지를 작은 조각으로 여러 개 잘라서 비눗물로 한 벌 바른다. 이것은 나중에 뜯어내기 쉽게 하기 위한 조처이다. 초배지 위에 다시 풀로 얇은 곽종이를 바르고 그 위에 두꺼운 곽종이를 바른다. 이런 방식으로 4 내지 5겹, 5 내지 6겹 반복하여 바른다. 초배지를 바른 뒤 말린다. 바른 종이가 마른 뒤에 틀과 종이탈을 분리시킨다. 종이탈의 앞뒷면에 다시 초배지를 한두 겹씩 곱게 바른다. 마른 뒤에 주위를 오려내고 필요한 만큼 구멍을 뚫는다. 나중에 색칠을 한다. 이때 색은 페인트를 사용하는데 번쩍이지 않도록 카세인을 섞어 바른다. 페인트가 완전히 마르면 주위에 검은 탈보를 붙이고 필요한 소도구나 장식을 붙인다.

은율탈 22점은 다음과 같다.

헛목(상좌), 첫목중(8목중), 말뚝이(마부 겸용), 맏양반, 둘째 양반, 셋째 양반(병신양반), 새맥시(뚱딴지집 겸용), 원숭이, 노승, 최괄이, 영감, 할미, 무당, 사자, 최괄이 아들(꼬득이, 인형)이다.

이상의 탈들은 황해도의 다른 지방과 같이 귀면(鬼面)과 사실면(寫實面)의 혼합형이 많고 특히 혹의 모양이 이채롭다. 혹에 5방색을 나타내는 것은 벽사성을 강조, 상징하기 위한 것으로 풀이된다.

가장 작은 탈은 할미(가로 16센티미터, 세로 23센티미터)이고 가장 큰 것은 최괄이(가로 22.5센티미터, 세로 31센티미터)이다. 사자는 머리가 지름 67.5센티미터의 원형인데 몸 크기는 높이 185센티미터, 길이 318센티미터로 몸 속에 세 사람이 들어간다.

오광대(五廣大)

경상남도 낙동강 서쪽 연안(慶尙 右道)에 폭넓게 전승된 탈놀이를 오광대 또는 오광대놀이라 한다. 낙동강 상류의 초계(草溪) 밤마리(栗旨星)에서 비롯된 탈놀이의 한 분파로 해석하기도 한다.

밤마리 장터의 대광대(竹廣大) 패들에 의하여 각 지방에 퍼져간 것으로 1900년경에는 신반, 의령, 진주, 산청, 거제, 창원, 고성, 통영, 김해, 가산 등으로 전파되었다.

오광대라는 이름은 다섯 광대의 놀이라는 뜻에서 비롯되었다고도 하고 다섯 마당으로 이루어진 놀이라는 뜻이라고도 한다. 현재 연희본이 채록되어 있는 것은 '진주 오광대' '마산 오광대' '통영 오광대' '고성 오광대' '가산 오광대' 등인데 그 가운데 통영, 고성, 가산의 탈놀이가 무형문화재로 지정되어 있다.

통영 오광대

통영은 충무의 옛이름이다. 이 지방에 전하고 있는 통영 오광대의 발자취에 대해서는 몇 가지 설이 있다. 놀이를 시작한 시기에 대해서 1961년을 기준으로 70, 80년 전이라 하는가 하면 1900년경이라는 증언도 있다. 이밖에 1909년(乙酉年) 큰 화재가 있어 그때까지 전해 오던 오동나무로 만든 탈이 소실되었다고도 한다.

전래된 경로에 대하여는 창원(현 마산시)의 이군찬이란 사람이 초계 밤마리 대광대패의 오광대를 보고 이화선(李化善) 등과 더불어 마산 오광대를 놀았는데 나중에 이화선이 통영(충무)으로 이사를 오게 되어 전해졌다는 설, 1900년경에 이화선이 초계 밤마리에서 대광대패의 놀이를 보고 와서 전했다는 설, 통영 사람들이 마산에 가서 배워 왔다는 설 등 의견이 구구한 실정이다.

한편 충무시에 수군통제사영(水軍統制使營)이 설치된 뒤부터 해마다 섣달 그믐날 통제사영 동헌(東軒)에서 밤늦게까지 매구(埋鬼)를 치고 탈놀이를 했었다 한다.

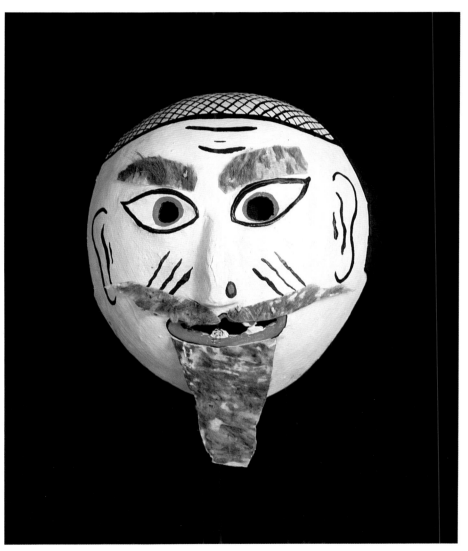

통영 오광대의 할미양반(영감)

1964년 통영 오광대가 중요 무형문화재 제6호로 지정된 이후 예능 보유
자로는 구삼봉(具三奉, 1899~1965, 문둥이역), 장재봉(張在奉, 1894~
1966, 문둥이역), 오정두(吳正斗, 영노역, 탈 제작), 김삼성(金三成, 1911~,
큰어미·사자역), 유동주(劉東柱, 1917~, 꼭두각시·작은어미역) 등이 인정
되었고 그 뒤 김진우(金振宇, 1917~1974, 소무·양반·담보역), 문창섭(文昌
燮, 1919~1977, 문둥이·말뚝이·소무·사자머리역), 고영수(高永守, 1908
~1981, 손님·사자역), 강연호(姜連浩, 1931~, 큰어미역), 강영구(姜永九
1931~, 말뚝이역), 이기숙(李基淑, 1922~, 원양반역) 등이 인정되었는데
연로하신 분들은 모두 세상을 떠나시고 몇 분 남지 않았다.

1958년에 장재봉, 오정두가 만든 탈이 무형문화재로 지정되었는데 근거
가 되었던 탈은 바가지, 나무, 대나무 등으로 만들었으며 요즘은 바가지탈이
주를 이룬다.

통영탈 32점은 다음과 같다.

문둥이양반(문둥탈), 홍백양반(홍백탈), 비틀양반(비뚜루미탈), 곰보양반
(손님탈), 검정양반(흑탈), 조리중, 원양반(元兩班), 둘째 양반(次兩班), 말뚝
이, 팔선녀(8), 영노(비비새), 비비양반(영노양반), 할미양반(영감), 할미
(할미광대), 제자각시(작은어미, 소모), 상좌(甲), 상좌(乙), 봉사, 애기(인
형), 큰 상제, 작은 상제, 몽돌이(끝돌이), 포수, 담보, 사자이다. 이 가운데
가장 큰 탈은 말뚝이(길이 40센티미터, 높이 37센티미터)이고 가장 작은
것은 상좌(甲, 길이 19센티미터, 너비 14센티미터)이다.

담보는 대바구니로 만드는데 얼굴은 길이 40센티미터, 너비 40센티미터
이며 몸 길이가 195센티미터이다. 또 사자는 대나무 키로 만드는데 얼굴은
길이 58센티미터, 너비 33센티미터이며 몸 길이가 305센티미터, 꼬리 길이
가 103센티미터이다.

고성 오광대

조선 말기 고성읍에는 부유층인 북촌파(北村派) 선비들이 따로 모여 살면
서 오음육률(五音六律)을 즐겼고 좀 가난한 선비나 서민층의 남촌파(南村
派)는 시조창이나 매구(농악)를 즐겼다 하는데 1900년경 창원 태생으로

고성의 관속이었던 이순오가 남촌파 사람들에게 탈놀이를 전했다는 설이 전한다.

이와는 달리 조선 말기에 고성에는 이미 관속들에 의한 탈놀이가 있었으며 19세기 말에 남촌파 인사들이 '마산 오광대'를 전수받아 오늘과 같은 고성 오광대를 성립시켰고 그 전파 경로는 통영을 거쳤거나 통영보다 조금 뒤일 것이라는 의견도 있다. 전파 초기의 통영과 고성의 오광대는 비슷했으리라는 짐작이 간다.

1964년에 중요 무형문화재 제7호로 지정되면서 예능 보유자로 인정된 사람은 김창준(金昌俊, 1887~, 양반역), 천세봉(千世鳳, 1897~1967, 탈 제작), 홍성락(洪成絡, 1893~1970, 문둥이역)에 이어서 배갑문(裵甲文, 1899~1970, 원양반역), 남상국(南相國, 1899~1971, 악사) 등이었는데 지금은 모두 세상을 떠났다.

그 뒤를 잇는 박진학(朴鎭鶴, 접광대역), 조용배(趙鏞培, 중·말뚝이역), 최규칠(崔圭七, 양반·비비역)도 타계했고 지금은 허종복(許宗福, 1930~, 말뚝이역, 탈 제작), 이윤순(李允純, 1918~, 악사), 이금수(李今洙, 1919~, 접광대역), 허판세(許板世, 1920~, 양반역), 허현도(許現道, 1921~, 큰어미·비비역)가 이 놀이를 지키고 있다.

조선 말에 사용하던 탈은 목수인 김인찬이 만든 나무탈이었는데 한일합방 뒤 나라를 빼앗긴 절망감에 바다(일설에는 강물)에 띄워 버렸다 한다. 그 뒤에는 물에 불린 마분지를 이겨 성형시켜 만든 지제(紙製) 탈을 사용했다. 무형문화재 지정 당시에는 홍성락, 천세봉 옹이 만든 종이탈을 썼는데 마분지를 풀로 이긴 것이라 자주 쥐가 갉아 먹어 손상되고 보관이 어려워 1964년 이후에는 홍성락 옹이 만든 나무탈로 바꾸어 놓았다. 근년에는 허종복이 만든 종이탈, 바가지탈 등을 쓰고 있다.

고성탈 19점은 다음과 같다.

문둥이, 원양반(청보양반), 젓양반, 젓광대(5), 말뚝이, 초랭이, 중(2), 소모(각시, 2), 비비양반, 비비(영노), 영감, 저밀주(작은어미), 할미(큰어미) 등이다. 이 가운데 가장 큰 탈은 말뚝이(길이 28센티미터, 너비 26센티미터)이고 가장 작은 것은 비비(길이 19센티미터, 너비 18센티미터)이다.

고성 오광대의 홍백가

고성 오광대 차양반

고성 오광대 비비   고성 오광대 비비새

가산 오광대 종이탈들

가산 오광대

가산은 경상남도 사천군 축동면 가산리의 마을 이름으로 진주에서 서남쪽으로 30리쯤 떨어진 해변에 위치한 약 50호의 조그마한 마을이다.

이 마을은 조선 말까지 조창(漕倉;배로 실어 나를 곡식을 쌓아 두는 곳집)이 있었던 곳으로 3백 호 가량 들어선 시장이 섰다고 하며 오광대놀이도 놀았는데 그 이름을 '조창 오광대'라 했었다 한다.

1960년대까지는 어렵게나마 전승이 되다가 일시 중단된 것을 1980년에 중요 무형문화재 제73호로 지정하면서 오늘에 이르고 있다.

예능 보유자로는 한계홍(韓季弘, 1904~1987, 악사, 탈 제작), 한윤영(韓允榮, 1918~, 말뚝이·할미, 가면 제작), 김오복(金五福, 1920~, 양반·오방신장)이 인정되었는데 한계홍은 타계하였다.

가산 오광대 영감

탈은 두꺼운·마분지, 창호지, 대소쿠리, 바가지 등으로 만드는데 총 28점이다. 중앙 황제장군, 동방 청제장군, 북방 흑제장군, 서방 백제장군, 남방 적제장군, 영노, 도(都)문둥이, 문둥이 1, 문둥이 2, 문둥이 3, 문둥이 4, 어딩이, 손님하는 아이, 큰양반(영감탈 겸용), 작은양반 1, 작은양반 2, 말뚝이, 소무, 서울애기, 노장, 상좌, 할미, 마당쇠, 옹생원(봉사 1과 겸용), 봉사 2, 큰무당, 무당 1, 무당 2, 무당 3, 무당 4 등이다. 이 가운데 큰 탈은 중앙 황제장군(높이 54센티미터, 너비 33센티미터) 등 5점의 오방장군이고 작은 탈은 손님하는 아이(높이 21센티미터, 너비 16센티미터)이다. 영노탈은 높이 50센티미터, 너비 50센티미터이고 모체는 광목에 황토색으로 채색하고 흑색 무늬에 곳곳에 털을 달았다. 크기는 길이 250센티미터, 높이 125센티미터로 두 사람이 들어가 연희를 한다.

야유(野遊)

'야유'는 우리말로 '들놀음'이라 하며 현지의 일반인들도 거의 들놀음으로 부르고 있다. 극소수의 한자(漢字) 소유층이 야유 또는 야류로 부르고 있다. 이 탈놀이를 무형문화재로 지정할 때 야유라는 명칭을 썼기 때문에 할 수 없이 야유로 통하고는 있지만 어느 땐가는 들놀음으로 바로잡아야 할 것이다.

이 탈놀이는 경상 좌도에 속하는 부산의 동래 수영, 부산진 등지에 전승되어 온 것인데 부산진의 들놀음은 없어져 버렸고 지금은 동래와 수영의 두 들놀음이 중요 무형문화재로 지정되어 오늘에 전하고 있다.

놀이의 내용도 탈놀이뿐만 아니라 규모가 크고 화려한 '길놀이'가 앞에 있고 탈놀이 다음에는 다시 '대동 줄다리기'로 이어지는 그야말로 놀이판이 넓은 놀이였다.

동래 야유

1967년에 중요 무형문화재 제18호로 지정된 이 탈놀이는 부산의 동래

동래 야유 제대각시

동래 야유 말뚝이

마을에 전승되어 왔는데 1930년대 중엽까지 성행하다가 소멸되어 가던 것을 1960년대에 복원하기 시작하여 다시금 향토색 짙은 민속극으로 자리 잡기에 이르렀다.

복원 작업에 선구적 역할을 했던 박덕업(朴德業, 1890~1972, 말뚝이역), 신우언(辛祐彦, 1899~1980, 탈 제작), 노진규(盧振奎, 1905~1981, 탈 제작), 이남선(李南先, 1907~1981, 제대각시역)은 모두 타계했고 문장원(文章垣, 1917~, 원양반역)만이 큰 기둥으로 건재하다.

뒤에 탈 제작과 악사로 예능 보유자가 되었던 양세주(梁世珠, 1922~, 악사)도 타계했으며 지금은 앞의 문장원과 양극수(梁克銖, 1918~, 할미역), 박점실(朴點實, 1913~, 말뚝이역), 천재동(千在東, 1915~, 탈 제작) 4인이 보유자로 인정되고 있다.

동래탈은 바가지로 만든 것과 짐승의 털가죽으로 만든 것이 있으나 대부분이 바가지이다. 만드는 과정을 보면, 먼저 연희자의 얼굴에 맞을 만한 바가지를 선택하여 적당히 톱으로 썰고 칼로 입을 도려 내고 송곳으로 눈을 뚫고 그 위에 풀로 창호지를 두서너 벌 붙여서 볕에 말린 다음 코와 눈썹을 붙이고 나서 물감으로 색을 칠한다. 또 수염이 있는 데는 소털이나 개털, 토끼털 등으로 붙인다.

털가죽 탈(모양반)은 평평한 털가죽을 얼굴에 맞도록 베어 그 내면에는 종이를 붙이거나 바가지를 대어 붙이는데 코가 있는 부분에는 오뚝하게 코를 붙이고 눈과 입은 쓰는 이에게 알맞게 구멍을 낸다. 탈의 가장자리에는 탈보를 꿰매지 않고 탈 좌우에 송곳으로 구멍을 내어 굵은 노끈을 꿰어 붙잡아 매게 되어 있는 것이 특징이다.

또한 원양반, 차양반, 넷째 양반, 종가도련님 탈은 하반부인 입술과 턱을 상반부와 노끈으로 연결시켜 연희자가 재담을 할 때에 마치 산 사람의 얼굴처럼 턱이 움직여져서 표현이 자유스러운 것이 이 탈들의 특징이다.

동래탈 13점은 다음과 같다.

원양반, 차양반, 셋째 양반(일명 毛兩班 또는 두룽다리), 넷째 양반, 종가집 도련님, 말뚝이(양반의 하인), 문둥이(2), 영노(일명 비비새), 비비양반(넷째 양반 겸용), 영감(할미의 남편, 차양반 겸용), 할미(영감의 본처),

제대각시(영감의 첩) 등이다. 이 가운데 가장 큰 탈은 말뚝이로 높이 35센티미터, 너비 36센티미터이고 가장 작은 것은 종가집 도련님으로 높이 18센티미터, 너비 15센티미터이다. 셋째 양반은 일명 모양반으로 재료는 털이 붙은 고양이 가죽이다.

수영 야유

1971년에 중요 무형문화재 제43호로 지정된 수영 야유는 역시 경상 좌도에 전승되고 있는 들놀음의 하나이다. 이 탈놀이는 1930년대까지도 길놀이와 함께 수영 고을의 세시(歲時)놀이로 행해졌던 것인데 점차 사라져 가다가 1960년대에 들어 다시 복원되기 시작했다. 1930년대에 활약한 탈꾼으로는 최한복(崔漢福, 1895~1968), 조두영(趙斗榮, 1892~1964), 태명준(太命俊, 1904~1979) 등이 유명하다. 1963년에 복원되기 시작해 1971년에 무형문화재로 지정되면서 예능 보유자로 인정되었다가 세상을 떠난 분들은 다음과 같다.

조재준(趙在俊, 1906~1974, 말뚝이역), 정시덕(鄭時德, 1894~1974, 양반역), 김귀수(金貴秀, 1909~1977, 할미역), 노영규(盧泳奎, 1919~1978, 양반역), 태명준(1904~1979, 담보역), 조덕주(趙德周, 1914~1983, 탈 제작) 등이다.

현재 예능 보유자로는 윤수만(尹守萬, 1916~, 악사), 김달봉(金達鳳, 1917~, 영노역), 조복준(趙福俊, 1920~, 악사), 김용태(金容泰, 1922~, 말뚝이역), 태덕수(太德守, 1929~, 수양반역)가 있고 탈 제작은 이수자인 조덕칠(趙德七, 1932~)이 맡고 있다.

탈을 만드는 재료로는 바가지, 마분지, 대소쿠리가 주로 쓰이며 창호지를 바르고 색을 칠하는 공정이 다른 지역의 탈과 크게 다르지 않다.

수영탈 12점은 다음과 같다.

수양반(首兩班), 차양반(次兩班), 셋째 양반, 넷째 양반, 종가도령, 말뚝이, 영노, 영감, 할미, 제대각시, 범, 사자이다. 이 가운데 가장 큰 탈은 말뚝이로 높이 34센티미터, 너비 33센티미터이고 가장 작은 것은 종가도령으로 높이 23센티미터, 너비 20센티미터이다.

수영 야유 할미

범은 얼굴이 높이 32센티미터, 너비 30센티미터이고 몸은 마포에다 검은 색과 붉은 색으로 범의 무늬를 그렸다. 그 안에 사람이 들어가 탈을 쓰고 논다. 사자는 얼굴 높이 57센티미터, 너비 55센티미터이고 몸집은 마포로 만들며 그 안에 2, 3명이 들어가 연희한다.

서낭굿 탈놀이

'서낭굿 탈놀이'라는 명칭이 어쩌면 일반에게는 생소할지도 모르므로 '서낭굿'에 대한 바른 인식을 위하여 간략하게나마 설명을 붙여 본다.

서낭이란 땅 또는 마을을 지키는 신이며 서낭당은 그 서낭이 계신 곳이다. 이곳에서 제를 올리는 서낭굿은 마을로 들어오는 액이나 잡귀를 막고 풍요를 기원하는 굿이다. 그런데 이 굿에 대하여 우리는 한낱 무꾸리(무당이나 판수 등에게 길흉을 점치게 하는 일)로만 여기는 경솔함이 있었다.

서낭당이 마을을 굽어보는 마루턱에 자리하고 있음은 자기 마을을 지키고 나아가서는 이 땅 전체를 지키는 요새로서의 구실 때문이었다.

그러나 이 서낭당의 기능 가운데에는 토착 신앙이 정주(定住)하는 신앙적 통로로도 구실하고 있는 것으로 이곳에서 벌어지는 '당굿'에서 '부군님'과 민중과의 결합·유대를 통하여 외침·내우에의 투쟁 및 자기 발전을 위한 민중의 의지가 전인적(全人的)인 힘의 상징인 부군의 집 마당에서 모색되고 행동으로 표현되었다는 점에서 객관적으로 볼 때 그것은 한갓 무꾸리이기 전에 진보적 구성으로 보아야 할 것이다.(심우성, "서낭당을 펴며", 『서낭당』 제1집, 한국민속극연구소, 1971)

이러한 서낭굿이기에 여기에서 함께했던 탈놀이는 민간 연극 가운데서도 가장 민중성에 바탕을 두고 발전해 왔을 것임은 말할 나위도 없다. 그런데 문제는 '당굿'의 연장으로 놀아온 뭇 예능들이 민중 의지의 통일과 그 예술적 승화를 기피하려 했던 봉건적 지배층과 침략자 일제의 손으로 무자비하게 왜곡, 변질되어 왔다는 사실이다.

실상 앞에서 열거한 각 고장의 탈놀이들도 서낭굿 탈놀이였음은 물론이다. 그런데 변질의 과정에서 놀이 부분만 따로 떨어져 전하고 있다. 특히 탈이 국보로 지정된 '하회 별신굿 탈놀이'는 그 명칭에서도 본디 '서낭굿 탈놀이'임을 말하고 있다. 그러나 지금은 탈놀이의 일부만이 가까스로 전하고 있다. 그러면 여기서 한 고을의 큰 당굿인 강릉 지방의 '단오굿'에서 놀아지는 '강릉 관노 탈놀이'를 예로 들어 살펴보기로 한다.

강릉 관노 탈놀이

이 탈놀이는 1967년에 중요 무형문화재 제13호로 지정된 '강릉 단오제' 가운데 포함되는 것이다.

강릉 단오제의 발자취는 문헌에서 고려 초기까지 거슬러 올라간다. 조선 경종(景宗, 1721~1724) 때 간행된 『강릉지(江陵誌)』에 기록되어 있다. 그러나 이러한 향토신제(鄕土神祭)는 원시 공동체 사회에서부터 비롯되었을 것이라는 의견이 지배적이다. 강릉 단오제는 음력 3월 20일 '신주(神酒) 담그기'로부터 시작되어 5월 6일 굿에 쓰였던 모든 것을 태우는 '소제(燒祭)'까지 50일 동안 치러진다.

강릉 관노 탈놀이 양반

이 가운데 탈놀이는 5월 1일 대성황사(大城隍祠) 앞에서 놀기 시작하여 단오날까지 날마다 한다. 보통 다른 지방에서는 일반인이 탈놀이를 하나 이곳에서는 관노들이 했었다. 이 놀이가 언제부터 시작되었는지 그 기원을 알 수는 없으나 조선조 말엽부터 소멸되었다 한다.

구전(口傳)에 따르면 탈은 피나무 또는 오동나무로 만들었으며 보관은 관노청(官奴廳)에서 맡았었다 한다. 내용은 양반에 대한 해학적 비판, 소매 각시를 통한 정조관의 강조, 풍농 풍어의 기원 등인데 시종 재담이 없는 무언극(無言劇)으로 진행된다.

등장하는 탈은 모두 여섯으로 양반광대(1), 소매각시(1), 시시딱딱이(2), 장자마리(포대탈, 2)이다. 이 가운데 장자마리는 천을 몸 전체에 쓰고 나오는 특수한 것이다. 엄격히 말하면 탈이 아닐 수도 있으나 포가면(布假面)도 양식화된 가면으로 생각할 수 있는 것이다.(張正龍,『강릉 관노가면극 연구』, 집문당, 1989)

1967년 무형문화재 지정 당시의 예능 보유자는 차형원(車亨元, 1890∼1972, 관노 탈놀이), 장재인(張在仁, 1885∼1973, 무당, 무가), 김신묵(金信

黙, 1893~1981, 제관, 도가)이었는데 지금은 모두 세상을 떠났다. 그 뒤를 이은 박용녀(朴龍女, 무당), 신석남(申石南, 무당)도 타계했으며 지금은 김진덕(金振悳, 1910~, 제관, 도가) 혼자서 지키고 있다.

실상 이 탈놀이는 무형문화재로 지정될 무렵 차형원, 김신묵 외 고로(古老)들의 증언에 따라 탈을 만들고 놀이를 재현한 것이어서 현재로서는 예능보유자의 인정도 어려운 형편이다.

그 동안 이 탈놀이는 춘천·강릉여자고등학교, 강릉교육대학, 관동대학교 등에서 학생들에 의해 전수되었다. 1985년부터는 강릉문화원에서 관노가면극보존회를 결성하여 유천동 동민을 중심으로 전수, 계승하고 있으며 관동대학교 무형문화연구소에서는 대학생들을 중심으로 전수하고 있다.

뜬광대 탈놀이, 남사당 덧뵈기

흔히 광대를 대령광대(待令廣大)와 뜬광대(流浪廣大)로 나눈다는 것은 앞에서 간략히 설명한 바 있다. 그러면 여기서 현재로서는 유일하게 전하는 뜬광대 탈놀이인 '남사당 덧뵈기'를 살펴보기로 한다.(심우성, 「덧뵈기 연희고」『남사당패 연구』, 동문선, 1989)

아쉽게도 남사당패의 연원이나 역사적 형성 과정을 밝히기에는 남아 있는 문헌 자료나 증언이 드물다. 다만 아득한 옛날 농경 민족으로 정착 생활을 하기 이전인 유목 민족 시절부터 유랑하는 뜬광대는 있었을 것이라는 추측을 하게 된다. 그리고 1900년대 초 이전까지는 민중을 대상으로 하는 놀이패 가운데 대표적 집단이 아니었는가 싶다.

한 패거리는 맨 위에 꼭두쇠(頭目)가 있고 그 밑에 곰뱅이쇠(기획자에 해당), 뜬쇠(숙련된 연희자), 가열(보통 연희자), 삐리(초입자), 저승패(나이가 많아 연희는 못하고 뒷일을 돕는 사람), 등짐꾼(연희 도구 등을 운반하는 사람) 등 30명 혹은 50명으로 이루어졌다.

놀이는 6가지가 있었는데 놀이 순서대로 풍물(농악), 버나(대접돌리기), 살판(땅재주), 어름(줄타기), 덧뵈기(탈놀이), 덜미(인형극, 꼭두각시놀

남사당 덧뵈기 말뚝이

음)이다. 이 밖에도 얼른(요술)이라는 것이 추가되기도 했었다.

　다섯 번째 순서인 덧뵈기는 '덧(쓰고) 본다' '곱본다'는 뜻에서 붙여진 이름이라 한다. 한편 탈을 쓰고 노는 놀이라는 뜻도 된다. 덧뵈기는 지역성을 띤 다른 탈놀이들에 비해 의식성(儀式性)이나 행사성(行事性)에 관계없이 그때그때 지역민의 갈구와 흥취에 영합하면서 다분히 현장성을 갖고 즉흥적으로 짜여지는 것이었다. 춤보다는 재담과 발림(연기)이 우세하게 나타나는 풍자극으로 다분히 양반과 상놈의 갈등을 상놈의 편에서 의식적인 저항의 형태로 나타내고 있다.

　덧뵈기탈 11점은 다음과 같다.

　샌님, 노친네, 취발이, 말뚝이(먹쇠 겸용), 먹중, 옴중, 피조리(젊은 여자, 2), 꺾쇠, 장쇠이다.

　덧뵈기탈을 만드는 법은 우선 바가지 위에 종이떡(종이와 풀을 섞어 찐 것)으로 요철(凹凸)을 나타내고 눈구멍과 입구멍을 뚫은 다음 아교(阿膠)·백분(白紛)·광물성 분말 염료를 배합하여 만드는 전래의 '탈칠'인 '아교 단청'으로 각기 탈의 특징을 나타낸다.

북청 사자놀음

　1959년에 남형우(南亨祐, 예명 雲龍, 1907~1978, 꼭두각시놀음 대잡이, 취발이역), 최성구(崔聖九, 상쇠·먹중역), 양도일(梁道一, 1907~1979, 꼭두각시놀음 산받이, 샌님역)의 증언을 받아 이수자인 박용태(朴龍泰)와 필자가 만든 탈이 현재로서는 가장 오랜 것이다. 덧뵈기탈 가운데 가장 큰 것은 먹중(길이 31센티미터, 너비 30센티미터)이고 가장 작은 것은 노친네(길이 25센티미터, 너비 20센티미터)이다.

사자놀이―북청 사자놀음

　사자탈에 대하여는 앞에서 이미 그 유래를 살펴본 바 있어 여기서는 1967년에 중요 무형문화재 제15호로 지정된 '북청 사자놀음'을 알아본다.
　사자놀이의 연원은 꽤나 오랜 것이어서 북청 사자놀음도 언제부터 놀기 시작한 것인지는 밝히기가 어렵다. 사자에 대한 옛 문헌 기록으로서는『삼국사기』에 보이는 "이사부(異斯夫)가 우산국(于山國, 오늘의 울릉도)을 칠

때 목우사자(木偶獅子)를 썼다."는 기록과 우륵(于勒)이 지었다는 12곡(曲) 가운데 사자기(獅子伎)라는 가무(歌舞)가 나오는 것으로 보아 이미 신라시대에 있었다고 말하는 사람도 있다. 또 사자는 본디 우리나라에는 없는 동물이어서 이 사자에 대한 설화 혹은 놀이는 불교의 유입과 함께 들어왔을 것이라 주장하는 이도 있다.

한편 사자놀이는 비단 함경도 북청뿐만 아니라 함경도의 여러 고장과 남쪽의 해서 탈춤, 들놀음 등에서도 보이므로 그 전승 지역은 전국적이라 하겠다.

북청 사자놀음은 6·25 때 월남한 북청 출신 탈꾼들에 의하여 1960년대 들어 복원되기 시작했다. 서울과 속초에 살던 북청군민들이 군민회를 조직하여 해마다 사자놀이를 한 것이 계기가 되었다. 이 무렵에 참여한 사람은 윤영춘, 마후섭, 마의수, 김수석, 오동술, 이인섭, 변영호, 동태선, 전호준, 이근화선, 강선영, 김삼현, 전중식, 이상준, 이재섭, 동시협, 동성영, 장남욱 등이다.

1967년에 무형문화재로 지정되면서 마준섭(馬俊燮, 1902~1971, 먹중·말뚝이역), 김영곤(金暎坤, 1918~1974, 칼춤), 동태선(董泰善, 1903~1977, 퉁소·북), 동시협(董始協, 1907~1977, 꺾쇠역, 북), 마의수(馬義秀, 1898~1978, 퉁소), 윤영춘(尹迎春, 1907~1981, 사자 앞머리), 전중식(全仲植, 1914~1984, 퉁소), 김수석(金壽石, 1907~, 사자 앞머리) 등이 예능 보유자로 인정되었는데 이 가운데 현재 김수석만이 생존해 있다.

뒤에 보유자로 인정된 변영호(邊永鎬, 1907~, 사자 제작, 악사), 동성영(董誠英, 1909~, 사자 앞채), 여재성(呂在成, 1919~, 사자 뒤채), 이근화선(李根花善, 1924~, 사당춤), 전광석(田光石, 1917~, 칼춤) 등이 이 놀이를 전승하고 있다.

놀이꾼은 사자, 꺾쇠, 양반, 꼽추, 길라잡이, 애원성 춤꾼, 거사춤꾼, 사당춤꾼, 칼춤꾼, 무동, 꼽새, 승무춤꾼, 중, 의원, 영감 등이 있는데 이 가운데 탈을 쓰는 사람은 5명으로 양반, 꺾쇠, 꼽추, 길라잡이, 사자(2) 등이다. 여기서 사자는 흔히 한 쌍이다. 사자탈은 머리 부분과 몸통 부분으로 나뉜다. 본디 머리는 피나무로 파서 만들었으나 요즘은 종이로 만든다.

종이로 탈을 만드는 방법은 다음과 같다. 먼저 본을 만든다. 넓은 방짜돌을 돌로 괴어 부뚜막처럼 만들고 그 밑에 진득하게 불을 지펴 약간 뜨겁게 달구면서 진흙을 돌 위에 붙여 오목하게 사자 얼굴을 음각으로 조형한다. 요즘은 이 공정이 번거롭다 하여 아예 시멘트로 본을 만들어 놓고 쓴다. 본 위에 종이가 잘 떨어지도록 비누를 바르고 풀칠한 종이를 계속 결결로 바르는데 두께가 2푼쯤 되게 50번쯤 바르고 틀째 햇볕이나 불에 말렸다가 꾸덕꾸덕 마르면 탈을 본에서 떼어 내어 완전히 말린다. 다시 종이로 한번 바르고 물감을 칠하고 은박지를 바른 다음 주위에 구멍을 뚫는다. 다음에 그물을 사다가 7자 넓이, 6자 반 정도의 길이로 잘라서 나무틀에 걸고 오색실을 그물코마다 1개씩 매는데 이것을 '코걸이한다'고 한다.

요즘은 털실이나 인조 섬유를 오색으로 쓰지만 옛날에는 삼밭에서 삼을 걷고 조래기라 하여 허드레 삼을 뽑아 두었다가 마당에 말려 쌓아 놓고 도리깨로 두들기면 대는 부서져 나가고 껍질만 남는데 이 삼 껍질을 추려서 가늘게 쪼갠 다음 오색으로 물들여 그물에 달았다. 노란 실은 치자로 물들이고 검은 실은 가닥나무 껍질로 물들이고 붉은 실은 단풍나무를 썼으며 푸른 색은 쪽물이나 물푸레나무를 썼다 한다. 그물에 오색실을 달게 되면 바늘에 굵은 끈을 꿰어 사자 머리와 그물을 꿰매어 단다.

사자 머리는 가로 세로 1자 반 가량에 코의 높이는 2치 가량이며 눈동자 지름은 3치 가량 되게 만든다. 탈꾼들은 오색실이 달린 바지와 무릎 바지를 입고 신을 신고 사자탈에 들어가서 논다.

소놀이굿

인류가 소와 말을 가축으로 삼게 된 연대는 확실치 않으나 기원전 약 5천 년경에 중국의 하남(河南), 감숙(甘肅) 방면의 앙소기(仰韶期) 문화 유적에서 가축화된 소의 뼈가 발견되었다.

고대 오리엔트와 인도 그리고 중국의 고대 문명권에서 소는 말보다 앞서 농경 의례(農耕儀禮)와 밀접한 관계를 맺고 있다. 고대 중국에서의 말은 주로 왕후(王侯) 귀족의 교통 및 수렵, 전투용 동물이었으나 소는 주로 농업용으로 쓰여져 왔다.

3세기경 우리나라의 여러 부족 생활을 기록한 『삼국지』의 「위지 동이전」을 비롯하여 중국의 옛 문헌을 보면 부여에서는 제천 의식에 소를 희생물로 사용했다고 하며 신라에서는 지증왕(智證王) 3년(502)에 우경법(牛耕法)을 장려했다는 기록이 『삼국사기』에 보인다. 고려에서는 목우장(牧牛場)을 설치했고 조선 초에는 나라에서 종우(種牛)를 소유한 적도 있다.

소와 더불어 이루어진 농경 의례로는 고려 성종(成宗) 7년(998)에 중국의 토우 의례(土牛儀禮)를 받아들인 기록이 보이고 우리나라에서는 토우가 목우(木牛)로 바뀐 예도 『동국세시기』의 「입춘조(條)」에 보인다.

제주도에는 지금으로부터 50, 60년 전까지 입춘굿이라는 마을굿이 있었는데 여기에서 목우(木牛)가 등장했음을 알 수가 있고 경상남도 창녕군 영산의 나무쇠싸움(木牛戲) 역시 규모가 큰 마을굿으로 음력 정월 보름에 행해졌다.

이 밖에도 전라남도 구례 지방의 풍장(농악) 뒷놀이에서 보이는 싸릿대로 엮은 '소탈'이라든가 충청남도 공주 지방의 두꺼운 마분지로 만든 소박한 '쇠탈' 등도 주목되는 유산들이다.

황해도와 경기도에 널리 전승되었던 '소놀이' '소멕이놀이' 또는 '소놀이굿'은 정월 보름과 8월 한가위에 놀았는데 장정 두 사람이 멍석을 뒤집어쓰고 소가 되어 여러 가지 동작과 춤을 보이며 풍물패와 함께 마을을 돌아다니며 추렴도 하고 술과 음식을 얻어먹는 놀이이다. 이 놀이를 하면 풍년이 든다고 믿었다.

소놀이굿 가운데 현재 중요 무형문화재로 지정된 것은 2가지이다.

1. 양주(楊州) 소놀이굿(중요 무형문화재 제70호, 1980년 지정)
   예능 보유자로 김인기(金仁起, 1914~, 원마부역), 고희정(高熙貞, 1921~, 악사)이 있다.
2. 황해도 평산(平山) 소놀음굿(중요 무형문화재 제90호, 1988년 지정)
   예능 보유자로 장보배(張寶倍, 1915~, 선머리역, 삼불 제석), 이선비(李先妣, 1934~)가 있다.

황해도 만구대탁굿 소

위의 양주 소놀이굿과 평산 소놀음굿에 쓰이는 소는 거의 구조가 유사하며 다음에 양주의 것을 소개한다.

큰 소의 재료는 고무래, 종이, 명주 또는 광목, 짚신 또는 고무신, 짚, 멍석 등이다. 쇠머리는 고무래에 짚을 싸서 윤곽을 잡고 소 얼굴 모양을 백지에 그려 붙인다. 귀와 혀는 짚신이나 고무신 바닥으로 하며 고삐는 명주 또는 광목으로 한다. 소 몸뚱이는 큰 멍석을 반으로 접고 그 안에 5, 6명이 들어간다. 뿔은 짚을 꼬아 만든다. 소의 크기는 얼굴 길이 50센티미터, 얼굴 너비 20센티미터, 뿔 세로 20센티미터, 혀 가로 8센티미터, 혀 길이 15센티미터, 귀 가로 10센티미터, 귀 길이 25센티미터, 고무래 자루 80센티미터, 멍석(2장) 전체 길이 320센티미터, 꼬리 길이 115센티미터이다.

송아지의 재료는 큰 소와 같다. 제작 방법도 큰 소와 같으나 크기가 다를 뿐이다. 한 사람이 짚멍석을 뒤집어쓰고 고무래로 만든 쇠머리를 든다. 얼굴 길이 25센티미터, 얼굴 너비 21센티미터, 혀 가로 8센티미터, 혀 길이 13센티미터, 고무래 자루 42센티미터, 귀 길이 19센티미터, 귀 가로 9센티미터이고 꼬리는 없다.

양주 소놀이굿

양주 소놀이굿 소

있다.

산대 나무탈의 탁월한 조형미에서 지금은 없어져 버린 백제의 기악(伎樂)을 연상할 수 있으며 그 뒤 일본으로 건너가 오늘까지 전하고 있는 기악면(面)의 발자취를 거슬러 살피게 한다.

산대탈을 비롯하여 전통적 나무탈의 재현을 위해 전념하고 있는 심이석(沈履錫,『한국의 나무탈—나무로 깎은 얼굴, 그 다양한 표정의 유산들』, 열화당, 1993)은 다음과 같이 쓰고 있다.

사람의 성품이 열이면 열 모두 다르듯이 나무도 그 종류에 따라 무르고 단단하기와 결이나 빛깔에 이르기까지 하나도 같은 것이 없다. 많은 사람의 얼굴과 성격이 모두 각각인 것과 같은 이치로 통하는 것이 아닐까. 또 같은 종류의 나무라 하더라도 토막토막이 다르고 앞뒤가 같지 않다. 참으로 조물주의 조화에 놀라움을 금할 수 없다.

하나의 탈을 깎으려고 적당한 크기로 토막을 내고 이목구비를 깎아내려가다 보면 이 무슨 조화인지 그 자연의 얼기설기한 결들이 산 사람의 살결인 양 돋아나면서 얽히고 설킨 가운데 나무로 이룩한 한 생명체로 둔갑을 한다.

나무탈의 오묘한 경지를 잘 표현하고 있는 한 대목이라 하겠다.

다음은 1981년 국립민속박물관이 주최한 '한국의 탈 특별전'에 전시되었던 산대 나무탈 17점(서울대학교 소장, 말뚝이 1점은 바가지탈)의 도판목록(圖版目錄)이다.

1. 상좌

시대:조선 말기　크기:높이 23.5센티미터, 너비 19센티미터

특징:나무탈로 흰색 바탕에 눈은 아래로 처지고 눈썹과 머리는 까맣게 칠했으며 입은 빨갛다.

2. 옴중

시대:조선 말기　크기:높이 26센티미터, 너비 21센티미터

특징:짙은 밤색 바탕에 얼굴 전면에는 돌기(突起;여드름)가 있어 옴을

표시했다. 눈은 아래로 처지고 입은 크게 찢어졌으며 눈썹과 수염은
노랗고 까만 반점을 찍었다.

3. 목중
시대:조선 말기   크기:높이 26.5센티미터, 너비 22.5센티미터
특징:붉은 색 바탕에 눈은 아래로 처지고 입도 크게 아래로 찢어졌으며
　　이마, 양볼, 턱에 주름살이 있고 눈썹과 수염은 노랑과 검정으로 반점
　　을 찍었다.

4. 연잎
시대:조선 말기   크기:높이 33센티미터, 너비 20센티미터
특징:고동색(古銅色) 바탕에 연잎을 뒤집어 쓰고 이마에 노란 테를 두르
　　고 눈초리는 아래로 향했고 입은 크게 찢어져서 위로 향했다. 눈썹과
　　입 언저리는 초록색으로 문양을 그렸다.

5. 눈끔적이
시대:조선 말기   크기:높이 33.5센티미터, 너비 20센티미터
특징:붉은 색 바탕의 얼굴에 머리에는 연잎을 썼고 이마에는 노란 테를
　　둘렀으며 눈은 둥글고 놋으로 된 눈뚜껑을 여닫게 장치했다. 눈썹과
　　입술은 초록색으로 칠하고 문양을 그렸다.

6. 왜장녀
시대:조선 말기   크기:높이 25.5센티미터, 너비 21.5센티미터
특징:흰색 바탕에 눈은 아래로 처지고 입은 위로 향해 찢어졌고 머리와
　　눈썹은 까맣게 칠했다.

7. 노장(老長)
시대:조선 말기   크기:높이 26센티미터, 너비 24센티미터
특징:검은 바탕에 눈은 아래로 처지고 양 입가도 아래로 찢어졌으며 아랫
　　입술은 둥글게 내밀었다. 이마와 콧등 양볼에 주름이 있고 눈썹과
　　수염은 노란 반점을 찍었다.

8. 애사당
시대:조선 말기   크기:높이 23센티미터, 너비 17센티미터
특징:흰색 바탕에 연지 곤지를 찍고 머리와 눈썹을 까맣게 칠했으며 입은

빨갛다.

9. 취발이

시대:조선 말기   크기:높이 26센티미터, 너비 19센티미터

특징:엷은 고동색 바탕에 눈초리는 아래로 향하고 입은 크게 찢어져서 아래로 향했다. 이마, 양볼, 콧등에 주름살이 있고 눈썹과 수염은 노랗고 까만색의 반점을 찍었으며 이마 위에는 풀린 상투가 달려 있다.

10. 말뚝이

시대:조선 말기   크기:높이 22센티미터, 너비 19센티미터

특징:바가지탈로 주황색 바탕에 이마에는 2개의 주름살이 크게 잡혀 있고 눈썹과 양볼의 살이 도드라졌으며 아랫입술이 코에 접근하고 있다. 눈썹, 미간, 콧등, 아래턱에 파란 칠을 했다.

11. 원숭이

시대:조선 말기   크기:높이 22.5센티미터, 너비 17.5센티미터

특징:붉은 색 바탕에 눈은 동그랗게 만들고 금색을 칠했으며 이마, 미간, 콧잔등에는 까맣고 노란 점을 찍었다. 입은 작게 뚫고 머리와 눈썹에는 털을 붙였다.

12. 샌님

시대:조선 말기   크기:높이 26센티미터, 너비 22.5센티미터

특징:고동색 바탕에 눈은 둥글고 입은 언청이이며 눈썹, 수염을 붙였다.

13. 포도부장

시대:조선 말기   크기:높이 25.5센티미터, 너비 23센티미터

특징:흰색 바탕에 머리는 망건을 그리고 눈은 아래로 처졌으며 입은 뚫리고 눈썹 수염을 까맣게 칠했다.

14. 신할아비

시대:조선 말기   크기:높이 31센티미터, 너비 18센티미터

특징:노란색 바탕에 이마는 길고 눈은 아래로 처지고 입은 위로 향해 찢어졌으며 이마, 미간, 양볼, 턱 등에 주름살이 많이 새겨졌다. 눈썹, 수염은 따로 심었다.

애사당

15. 미얄할미
시대:조선 말기   크기:높이 20.5센티미터, 너비 17센티미터
특징:검은 바탕에 눈은 아래로 향하고 입은 빨갛게 칠했으며 위로 향해
    찢어졌고 이마, 양볼, 턱에 주름살이 새겨져 있다.

16. 팔먹중
시대:조선 말기   크기:높이 23센티미터, 너비 19센티미터
특징:주황색 바탕에 코는 따로 붙여서 만들고 눈과 눈썹, 수염이 희다.

17. 먹중(黑僧)
시대:조선 말기   크기:높이 24.5센티미터, 너비 21센티미터
특징:검은 바탕에 이마는 백호(白毫;눈썹 사이에 난 터럭)를 빨갛게 칠하
    고 눈썹, 눈은 하얗게 칠했으며 코는 따로 붙였다. 아랫입술이 코에
    닿아 있고 입술 주위는 빨갛고 머리와 수염은 흰점을 찍어서 표시하
    였다.

목중

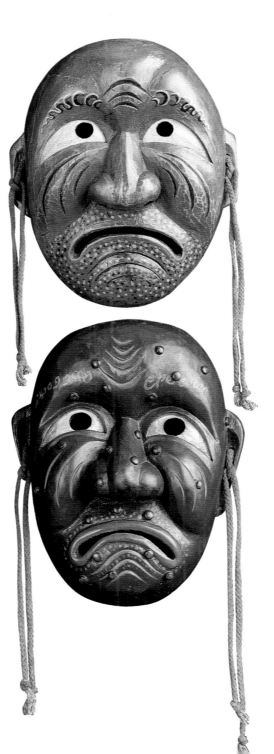

옴중

연잎

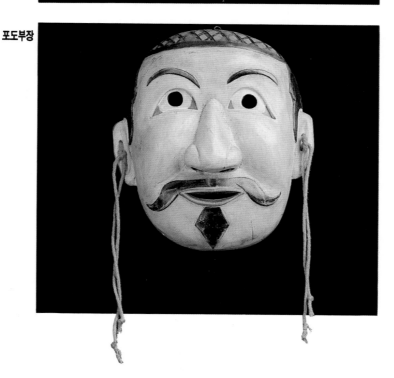

포도부장

왜장녀

노장

말뚝이

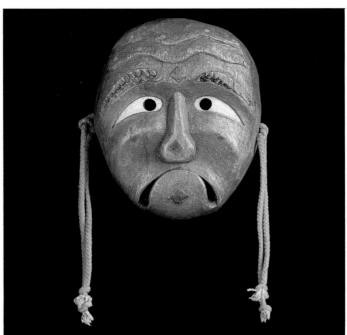

말뚝이

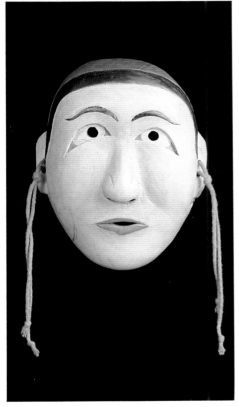

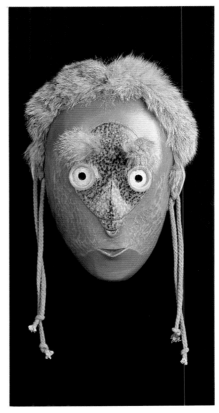

상좌   원숭이

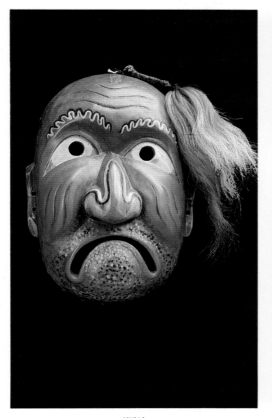

취발이

눈끔쩍이

샌님

팔먹중

먹중

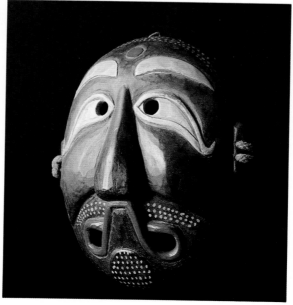

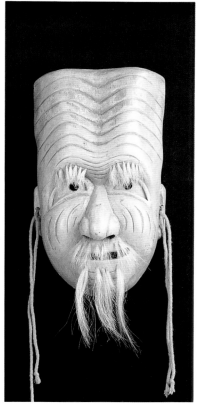

신할아비   미얄할미

바가지로 만든 탈

토속적인 탈들, 오늘에 살고 있는 탈들

이제껏 국보, 민속자료, 무형문화재로 지정되어 있거나 박물관에 소장되고 있는 귀중한 탈 유산들을 주마간산식으로 살펴보았다. 그 가운데 무형문화재로 지정된 종목의 탈놀이에서 쓰이는 탈들은 지금도 계속 만들어지고 있으므로 자생적인 전승력을 지니는 것이라 볼 수도 있다. 그러나 무형문화재로 지정하는 것은 그대로 놔두면 아주 없어질 염려가 있어 취하는 임시 방편임을 알아야 한다.

전세계에서 무형문화재를 정부가 법으로 지정, 보존하고 있는 나라는 일본과 대만, 우리나라밖에 없다. 역사 발전과 함께 가변(可變) 발전해야 하는 것이 무형의 문화인데 이것을 일정한 시기의 형태를 원형으로 삼아 보존 작업을 펴는 것은 어디까지나 잠정적인 조처일 수밖에 없다. 이것은 탈놀이에만 국한된 문제가 아니다. 법으로 보호를 해야만 주체적 자기 문화가 보존된다면 그것은 지난 역사 가운데 스스로 주인 노릇을 못한 과거를 지니고 있다는 증거가 되는 것이다.

비근한 한 예를 들어보자.

대취타(大吹打;중요 무형문화재 제46호)는 우리의 전래 행악(行樂)인데

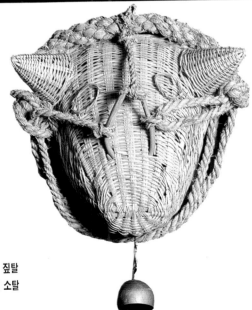

▲ 양반 광대놀이 짚탈
▶ 양반 광대놀이 소탈

그것을 문화재로까지 지정하고 있지만 각급 학교에서나 국군의 날 같은 나라 행사 때 연주하는 법이 없다. 그런데 영국 군악대의 군악은 무형문화재로 지정하지 않고 있지만 지금도 대영제국의 국군을 이끌고 있다. 이것이 무형문화재를 지정하고 있는 나라와 지정하지 않고 있는 나라의 차이다. 그러니까 무형문화재의 지정이란 건강이 나쁜 환자가 링거주사를 꼽고 있는 것에 비유할 수가 있다. 아무튼 정부가 중요 무형문화재의 정책을 효율적으로 펴 나갈 때 그 해제 시기는 당겨질 수 있다는 결론이다.

다시 탈을 예로 들어보자.

탈은 지나간 어느 시기의 표정으로 굳어 버리고 마는 것이 아니라 발전하는 삶과 함께 부단히 새롭게 재창조되면서 생명력을 지니는 것이어야 한다. 이런 면에서 지금도 전국의 곳곳에서 만들어지고 있는 무수한 탈들에 대하여 우리는 남다른 관심을 가져야 한다. 풍물패의 양반광대놀이, 지신밟기, 마당밟이, 비비새놀이 등에서 보이는 무수한 탈들, 자생적으로 전승되고 있는 별신굿, 풍어굿, 당굿 등에서 만들어지고 있는 신앙적 뜻을 겸하는 소박한 탈들, 큰 굿의 뒤풀이에 등장하는 다분히 연극성을 띠는 범굿 등에서의 동물탈들, 남사당패의 풍물놀이 가운데 '띠놀이'에 나오는 12띠 동물탈들, 서울의 변두리 옛 고양군·광주군 일원에서 놀았던 '띠놀이 풍물', 그리고 강원도 영월에서 열리는 단종제(端宗祭)에서의 띠놀이 등 모두가 지금이 시간에도 우리의 생활 속에 아니 어쩌면 우리 생활의 아주 구석진 음달에서 생명을 부지하고 있는 것들이라 하겠다.

또한 구태여 토속적인 데 국한할 것이 아니라 오늘의 춤, 연극에 쓰여지기 위하여 새롭게 만들어지고 있는 탈들에 대해서도 놓치지 말고 채집, 기록해야 한다. 삼국시대의 탈이나 고려, 조선시대의 탈에서 서역인(西域人)의 얼굴들과 몽골인, 중국인, 일본인의 얼굴들이 역사적 수용 과정을 거쳐 창출되고 있는 것과 마찬가지로 오늘 이 시대의 '이웃'과 '적(敵)'도 새로운 탈로 만들어져야 한다. 비단 토속적인 탈을 찾기 위하여 농촌과 어촌과 산촌만을 살필 것이 아니라 오늘의 모든 생활 현장에서 탈이 만들어지고 있다는 것에 주목해야 한다.

양반 광대놀이 키탈(남)

양반 광대놀이 키탈(여)

양반 광대놀이
바구니탈 각시

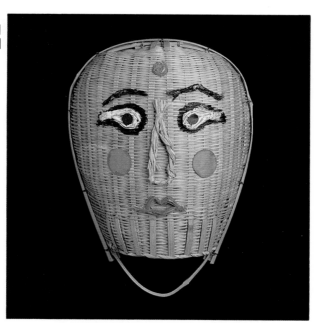

양반 광대놀이
바구니탈 사자

양반 광대놀이 전중이(囚人)탈

양반 광대놀이 광대 벙거지

짚으로 만든 방상씨 탈

114 중요 무형문화재로 지정된 '탈놀이'의 탈들

우리 탈의 전형성을 찾아서

왜 멀쩡한 제 얼굴을 두고 또 다른 얼굴인 탈을 만들어 냈을까 하는 의문으로부터 시작하여 신앙적 동기 또는 생산적 동기에 의하여 만들어진 다양한 탈들의 연원과 분류에 대해서는 일단 앞의 '탈이란 무엇인가' '탈의 분류' 등에서 소홀하나마 살펴보았다.

여기서 탈 문화는 다른 전통 문화 분야와 마찬가지로 풍부한 유산이 있으면서도 오늘날 제대로 전승되지 못하고 있음을 확인하게 되었다. 그리고 대부분의 탈놀이들이 중요 무형문화재로 지정되어 있으며 그에 따른 예능보유자(속칭 인간문화재)들이 전수 교육을 통하여 어렵게 맥을 잇고 있는 것도 알 수가 있었다. 아울러 우리는 중요 무형문화재의 지정이란 어디까지나 잠정적 조치이지 영구적인 것일 수 없음도 알게 되었다.

그 이유는 다음과 같다.

전세계에서 유형문화재는 나라마다 소중한 것을 선별 지정하여 보호 보존하고 있지만 무형문화재는 자생적인 발전을 할 수 있도록 어떤 제재를 가하지 않고 있음을 본다. 그런 가운데 오직 이웃 나라인 일본과 대만 그리고 우리나라만이 중요 무형문화재라 해서 '전통 의식' '전통 예능' '공예 기술' 등 다양한 분야에서 문화의 독창성을 지키는 데 핵이 될 만한 것들을 전수, 보존하는 조치를 취하고 있다.

이것은 이 세 나라가 자기 문화를 전승, 발전시켜 오는 과정에 남다른 어려움이 있었음을 나타내는 것이다. 다른 말로 하자면 지난 역사 가운데 스스로 주체적이지 못한 부분이 있었던 결과이다. 일본과 대만 그리고 우리

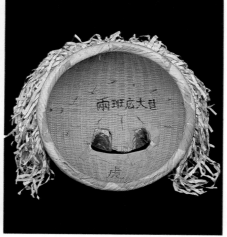

동해안 별신굿 범탈(앞면)　　　　　　　　**동해안 별신굿 범탈**(뒷면)

나라가 1800년대 말부터 일방적으로 불어닥친 서세동점(西勢東漸)의 회오리 앞에 뿌리가 흔들리게 되었음을 입증하는 것이다.

　그러한 과거를 치유하기 위하여 응급 조치를 취한 것이 바로 중요 무형문화재의 지정이라 하겠다. 왜 여기서 이 문제를 새삼스럽게 거론하는가 하면 오늘날 중요 무형문화재의 지정이 역사 민족의 한 자랑으로 잘못 인식되고 있는 경향이 있기 때문이다. 중요 무형문화재의 지정이란 어디까지나 잠정적 조처이지 영구적인 것이 아님을 분명히 해야 한다.

　그러면 우선 우리의 '탈놀이' 또는 '탈'의 앞에 붙는 '전통'의 개념에 대해서도 살펴야 하지 않겠느냐는 생각이다.

　이 대목에서도 전통 연극, 전통탈(가면) 또는 고전 연극, 민속 연극 등이 분별 없이 쓰여지고 있는데 이는 오늘 우리에게 전해지고 있는 탈들의 실상을 체득하기 위해서는 반드시 해득되어야 한다.

…'전통'을 말할 때 '고전'이나 '민속'이란 어휘가 분별 없이 같은 뜻으로 쓰여지고 있으므로 이 문제부터 살펴보기로 한다.

고전이 자기 생성적 전승력이 지난 어느 시기에 단절된 채 단절된 당시의 것을 그대로 오늘에 재현하는 것이라면, 민속이란 자기 생성적 전승력이 오늘의 생활 속에까지 살아 있으면서 발전하고 있는 것을 지칭한다.

이해를 돕기 위하여 춤을 예로 들어 보자. '처용무'라는 춤은 주로 조선 시대에 궁중에서 나쁜 귀신을 쫓는 '나례무'로 전승되던 것인데 조선 왕조의 소멸과 함께 그 자생력은 없어지고 '이왕직 아악부' '국립국악원' 등에 의하여 옛모습대로 명맥만 이어 오다가 지금은 중요 무형문화재로 지정되었다. 이러한 춤을 '고전춤'이라 한다.

이와는 달리 '살풀이'라는 춤은 다분히 신앙적 성격을 띠고 무격 집단에서 주로 전승되던 것인데 오늘까지도 무당에 의하여 굿청에서 추어지고 있으며 일반인 혹은 무용가에 이르기까지 새로운 표현 의지로 이 춤을 전승, 발전시켜 나가고 있다. 이러한 춤을 '민속춤'이라 한다.

위의 고전적인 것과 민속적인 것을 통틀어 전통적인 것이라 한다.…

(심우성, 『전통문화의 이해』 중에서)

전통의 개념이 이러한데 오늘날에는 전통에 대한 해석이 애매모호한 오류에 빠지고 있음을 지적하지 않을 수 없다. 한마디로 전통을 지난 시대의 유산 또는 유물로 못박는 것은 잘못이다.

한편 '전통을 지켜야 한다'는 호소를 듣는다. 물론 옳은 말이다. 그런데 전통을 지키는 일이란 옛것을 본떠서 반복하는 것이 아니라 옛것을 바탕으로 하여 오늘의 것으로 부단히 발전시켜 나가는 것이다. 다른 말로 표현하면 전통이란 머물러 있는 것이 아니라 역사 발전과 한 배를 탄 가변적인 것이라는 말이다. 전통이란 과거 지향적 또는 불변해야 하는 신성 불가침적인 것이라는 잘못된 생각이 일반화되고 있는 데는 안타까움을 금할 수 없다.

그러면 여기서 다시 본론으로 돌아오자.

전통 연극의 유산인 오늘의 탈들도 역시 마찬가지로 아픔을 겪고 있다. 1964년 우리나라에서 처음으로 중요 무형문화재라는 것을 지정하기 시작할 때 '양주 별산대놀이'를 비롯하여 '오광대놀이' 등이 일찍이 무형문화재가 되었으니 이것이 꼭 30년 전의 일이다.

탈은 당시 각 고장에 전해지고 있거나 아니면 과거에 탈을 만들었던 경험이 있는 분들에 의하여 다시 짜여지고 만들어지면서 이른바 '원형'의 문제가 대두되기에 이르렀다. 이 단계에서의 원형은 중요 무형문화재를 지정하기 위한 '지정 근거'로 구실을 했다. 그로부터 30년이 흐르는 동안 원형 문제는 시시비비의 소지를 낳기도 했다.

역사 발전과 함께 생명력을 지니고 변화하면서 재창출되어 오던 탈들에 원형이란 굴레를 씌우고 보니 이러한 부작용이 따를 수밖에 없었다.

비근한 예를 든다면 중요 무형문화재의 지정이란 전통 문화의 소멸을 막기 위한 저수지에 비길 수 있는데 이 저수지도 적당한 수원(水源)과 그에 걸맞은 배수 작용(排水作用)이 따르지 못하면 그 속에 담긴 물은 썩어 버리고 말 것이다. 그러기에 이제 우리 문화의 앞날을 걱정하는 일각에서는 조심스럽게 중요 무형문화재 지정의 단계적 해제를 위한 방법들을 모색하고 있는 것으로 안다.

이처럼 전승 문화의 흐름에서 획기적 변화를 눈앞에 둔 때에 우리의 탈들도 마찬가지 상황에 처할 것임은 물론이다. 이른바 고전적 유산으로 박물관으로 들어가 버리고 마느냐 아니면 다시금 오늘의 애환을 담으며 민속 연극으로서 생명력을 되찾느냐 하는 갈림길에 서 있는 것이다.

저자는 이 문제를 놓고 다음과 같은 의견을 제시하고자 한다.

이미 중요 무형문화재로 지정되어 있는 탈 유산들은 세심히 정리되어 점차적으로 박물관의 진열장으로 들어가야 한다. 한편 그동안 연희되었던 각 고장의 탈놀이들은 오늘을 살아가고 있는 각 고장의 탈꾼(지역민)들에 의하여 탈도 줄거리도 새롭게 꾸며지면서 '옛 놀이'가 아닌 '오늘의 놀이'로 되살아나야 한다는 생각이다.

이러기에 앞서 우리가 서둘러 살펴보아야 할 것이 그 전형성(典型性)의 문제이다.

이 방면의 논고 가운데 임재해의 『탈의 조형미가 지닌 예술적 형상성과 사회적 기능』 중 「탈의 조형적 형상과 민중적 미의식」의 일부를 다음에 인용한다.

> …일반적으로 우리탈의 형상은 기괴망측하게 생겼다고 한다. 실제보다 코와 입, 눈이 과장된 것은 말할 것도 없고 코가 삐딱하게 곡선으로 붙어 있는가 하면 눈꼬리가 좌우 불균형을 이루며 사납게 찢어져 있다. 입이 크게 삐뚤어져 있는 경우가 대부분이며 언청이나 문둥이, 옴탈과 같이 병신스런 입이나 안면을 지녀야 하는 탈 외에 양반, 샌님, 영감 등의 탈들도 한결같이 입이 찢어진 언청이나 입삐뚤이다. 안면도 그냥 묘사해 둔 예는 아주 드물다. 이마와 볼, 턱 등에 커다란 혹이 제멋대로 솟아 있고 이빨이 어긋나게 톱니처럼 두드러져 있기가 일쑤이다. 더러는 봉산탈의 취발이처럼 이마가 터무니없이 넓고 파도처럼 주름이 많아서 얼굴의 다른 부위와 비례가 맞지 않는 경우도 있다. 그러면서도 모든 탈이 인간적이라는 점에서 서로 만나고 있다.
> 　모든 탈들이 신분적 지체나 성속(聖俗)의 위상이 어떠하든 간에 생활 속에서 가장 일상적으로 만날 수 있는 예사 사람들 또는 예사 이하의 사람들 모습을 하고 있는 것이다. 탈의 형상 자체에서 신분적 특권이나 관념적 숭고성, 또는 남성적 권위를 인정하지 않고 있다는 사실을 드러내고 있음을 알 수 있다. 이처럼 기괴스러움에도 불구하고 인간적인 탈일 수 있는 것은 민중적 미의식에 입각한 민중적 사실성을 확보하고 있기 때문이다. 이와 더불어 사자탈이나 원숭이탈과 같은 동물탈들도 한결같이 사람의 얼굴 모습을 하고 있다. 사자탈이든 원숭이탈이든 사람들의 탈(변고나 사고라는 뜻)을 잡아내고 돌보이게 하고자 만든 탈이니 사람의 형상을 닮은 것은 자연스럽다 하겠다.…(김수남 사진집, 『한국의 탈』— 뒷글—, 행림출판, 1988)

위의 글과는 달리 일반적으로 우리 탈에 대한 평가는 아주 인색하다. 공연히 괴기스럽고 과장되며 표현술이 저급하고 거칠어서 한 조형물로서 논의의 대상이 되지 못한다고도 한다. 그래서 그런지 아직은 우리 미술사 가운데 조각의 한 줄기로 취급되지 못하고 있다.

1930년대 양주 별산대

하회 별신굿 탈놀이 등장 인물 전원(1930년대)

양주 별산대놀이 소무와 노장(1930년대)

1930년대 남사당패와 탈놀이 '덧뵈기'의 탈들

　이제야 세계적으로 주목을 받기에 이른 국보 제121호의 하회·병산탈을 비롯하여 본산대의 나무탈 유물들을 보면 한마디로 얼굴을 들고 조상을 뵐 면목이 없다. 그러니 한국적 탈이란 무엇인가와 그 전형성에 대한 논의 역시 소홀했음은 말할 나위도 없다.

　여기에서 거의 같은 분야라 할 인형의 문제를 다룬 「한국적 인형이란 무엇인가」(심우성,『계간미술』, 가을, 1987) 중에서 '한국적 인형의 전형에 대한 제언'의 일부를 인용한다.

　…상식론이지만 '한국적'이란 하나의 개별성을 뜻한다. 그러나 그 개별성은 일반성과의 통일에서 비로소 한몫의 성립을 보게 된다. 이러한 개별성과 일반성의 통일 과정을 통하여 우리는 전형성을 얻게 되는 것이다. 한 문화가 이 전형성을 얻지 못했을 때 그 독창성 역시 없는 것이다.

　하나의 전형성을 얻는 데에는 먼저 역사적 유산이 밑거름으로 되어야 한다. 그리고 그것이 실생활 속에 어떤 기능을 갖고 전승되고 있는가를 분석하면서 오늘의 사회와 연관지어 그 가치가 판단되어야 한다. 물론

빛깔있는 책들 101-27

탈

글	—심우성
사진	—박옥수

발행인	—장세우
발행처	—주식회사 대원사

편집	—황운순, 이보라, 최명지
미술	—손승현
기획	—조은정
전산사식	—이규헌, 육세림
총무	—정만성, 정광진, 우복희
영업	—이상갑, 조용균, 강성철, 박은식, 김수영
이사	—이명훈

첫판 1쇄 —1994년 9월 30일 발행
첫판 9쇄 —2007년 6월 30일 발행

주식회사 대원사
우편번호/140-901
서울 용산구 후암동 358-17
전화번호/(02) 757-6717~9
팩시밀리/(02) 775-8043
등록번호/제 3-191호
http://www.daewonsa.co.kr

잘못된 책은 책방에서 바꿔 드립니다.

 값 13,000원

Daewonsa Publishing Co., Ltd.
Printed in Korea(1994)

ISBN 89-369-0149-4 00380

빛깔있는 책들

건강 식품(분류번호 : 202)

즐거운 생활(분류번호 : 203)

건강 생활(분류번호 : 204)

한국의 자연(분류번호 : 301)

미술 일반(분류번호 : 401)

역사(분류번호 : 501)